Shari Butler

Nach dem Tod der Eltern

Shari Butler

Nach dem Tod der Eltern

Wenn die Kindheit für immer zu Ende geht

Aus dem Amerikanischen von Christoph Bausum

mvg Verlag

Bibliografische Information der Deutschen Bibliothek
Die Deutsche Bibliothek verzeichnet diese Publikation in der Deutschen Nationalbibliografie; detaillierte bibliografische Daten sind im Internet über http://dnb.ddb.de abrufbar.

© 2006 der deutschsprachigen Ausgabe bei mvgVerlag, Redline GmbH, Heidelberg. Ein Unternehmen von Süddeutscher Verlag l Mediengruppe
www.mvg-verlag.de

Umschlaggestaltung: www.coverdesign.net
Redaktion: Pia Gelpke, Wiesbaden
Satz: Jürgen Echter, Redline GmbH
Druck: Himmer, Augsburg
Bindearbeiten: Thomas, Augsburg
Printed in Germany 06267/040602
ISBN 3-636-06267-0

Ich widme dieses Buch voller Liebe

meinen Eltern Faye und Lou Butler,
die nicht mehr bei mir sind;

meinem Bruder Dr. Mel Butler,
der mich damit getröstet hat, dass ich
die Mühsal des Schöpfens
mit einigen der größten Künstler und Schriftsteller teile;

meinem Mann Robert Schrage,
der mich emotional, intellektuell und technisch unterstützte
und der einen Orden dafür verdient,
dass er diesen Prozess mit mir durchgestanden hat;

meiner wundervollen Tochter Alexandra,
deren Geist, Schönheit, Anmut, Witz und Charme
jeden Tag lebenswert machen.

Inhalt

Danksagung

Es gibt viele Menschen, denen ich aus unterschiedlichen Gründen danken möchte. Zuallererst meiner lieben Freundin Denise Torv, die Kontakte in der Verlagsbranche knüpfte. Dann Joelle Delbourgo für ihre Besonnenheit in Zeiten, als alles drunter und drüber ging; Nancy Hancock dafür, dass sie eine Vision mit mir teilte; Nancy Mandler, einer kreativen Verbündeten; Valerie Hiss, meiner lebenslänglichen Freundin und Stütze; meiner Tante Marion und meinem Onkel Bernard Barsky, die mir immer sagten, dass am Ende alles gut werden würde; Margaret Blackstone, meiner Seelenverwandten und Muse, die mir mehr als einmal aus der Patsche half; Joyce Robinson, meiner lieben und hilfreichen Freundin; meinem Geschäftspartner und Freund Robert C. Sabin, der wunderbare Häuser baut und Scott Manning, der lächelte, als ich es am meisten brauchte.

Shari Butler

Entdecken Sie sich neu

Gott nimmt die Welt wie eine Panflöte und bläst.
Jede Note ein Bedürfnis, das aus einem von uns erklingt,
Eine Leidenschaft, ein schmerzliches Sehnen ...
Versuche nicht, es zu beenden.
Sei deine Note.
Ich zeige dir, wie es genug ist.
Steige nachts auf das Dach
In dieser Stadt deiner Seele ...
Singe laut!

RUMI, SUFI-DICHTER DES 13. JAHRHUNDERTS

Jeder Lebensweg ist einzigartig. Doch welchen Weg von der
Kindheit über die Jugend bis hin zum Erwachsenenalter Sie
auch einschlagen, Sie werden unweigerlich erfahren, dass jede
Weiterentwicklung sowohl Gewinn und Freude als auch Verlust
und damit verbundene Trauer mit sich bringt. Das eine ist
ohne das andere nicht zu haben. Mit jedem Schritt nach vorn
lässt man zwangsläufig etwas zurück. Wer das erkannt hat, kann
es akzeptieren und vielleicht sogar begrüßen. Wenn wir wissen,
dass die Veränderungen im Leben mit Wachstum verbunden
sind, verlieren die Verluste einen Teil ihres Schreckens.

Betrachten wir unseren Lebensweg, so entsteht der Eindruck, dass in einigen Lebensabschnitten mehr die Verluste
und in anderen eher die Gewinne überwiegen. Manche Men-

schen trauern eher dem Verlust der jugendlichen Unschuld
nach, anstatt sich über ihren erweiterten Horizont zu freuen.
Andere bedauern die nachlassenden Kräfte ihrer Muskeln und
Gedanken mehr, als sie die Weisheit des Alters genießen.

Im Großen und Ganzen akzeptieren wir aber, dass die Dinge,
die wir verlieren, Platz machen für das, was wir gewinnen. Wir
verstehen es als einen natürlichen, wenn auch manchmal
schwierigen Teil unserer Entwicklung – ausgenommen in einer
Phase unseres Lebens. In dieser Lebensphase fällt es uns
schwerer als in jeder anderen, das Zusammenspiel von Gewinn
und Verlust zu erkennen und die natürliche Symmetrie zu
akzeptieren, die unserer Entwicklung innewohnt.

Ich spreche von dem Lebensabschnitt, der dem Tod beider
Eltern folgt. Diese Zeit stellt einen großen Umbruch in
unserem Leben dar. Trotzdem wird sie selten als eigenes und
unabhängiges Entwicklungsstadium wahrgenommen. Und
selbst wenn sie als solches erkannt wird, dann unterschätzt man
ihr unglaublich großes Heilungs- und Veränderungspotenzial.
Betrachtet man aber den Verlust der Eltern als eine normale
Phase unserer Entwicklung, verliert er seinen Schrecken und
wird zu einer Chance.

Stellen Sie sich vor, man versuche, die Pubertät als einzelnes,
abgeschlossenes Ereignis zu sehen – und zu verstehen. In
Wirklichkeit – das wissen wir – ist sie ein Prozess, ein sich
Ausbreiten, eine Zeit des sich Erprobens, des Hinter-sich-
Lassens, des Ausprobierens. Oder versuchen Sie sich vorzustellen, was es uns bringen könnte – und ob es überhaupt sinnvoll
wäre –, die Entwicklungsschritte vom mittleren bis ins hohe
Lebensalter als ein einzelnes Geschehnis aufzufassen. Stattdessen begreifen wir das Altern als ein Reifen von Körper und
Geist, als einen langen Prozess, der uns hoffentlich reifer und
weiser macht.

Zum Älterwerden gehört auch, dass Ihre Eltern sterben und
Sie Waise werden. Ob Sie nun das Gefühl verspüren „Waise" zu
sein oder nicht: Sie sind es. Und als Waise betrauern Sie den

Verlust ihrer Eltern – Sie trauern um das verlorene innere Kind, um die verlorene Kindheit. Diese Trauer wird nie wirklich abgeschlossen sein. Das Gleiche gilt für das „Waisendasein": Es kann fünf oder 50 Jahre dauern, aber es wird nicht an einem Nachmittag stattfinden. Es ist ein Prozess, der durch den Tod Ihrer Eltern in Gang gesetzt wird, der sich aber fortsetzt und eine Flut von Veränderungen mit sich bringt. Ihre Entwicklungsaufgabe in diesem Stadium ist es, auf dieser Flutwelle zu reiten. Entwickeln Sie Ihr wahres Potenzial und lassen Sie nicht zu, dass die Welle sie ziellos irgendwo an den Strand spült. Es ist an der Zeit, sich Ziele zu setzen.

Wenn man Waise wird, hat das nicht nur mit Tod zu tun, mit Trauer und damit, dass man mit einem Verlust leben muss. In erster Linie ist es eine Art von Wiedergeburt.

Völlig erwachsen

Jedes Jahr erleben fünf Prozent der Bevölkerung den Tod eines Elternteils. Es sind sehr viele Menschen, die ihre Eltern verlieren und ihre eigene Autoritätsfigur werden müssen. Unversehens werden sie – wie ich es nenne – *völlig erwachsen.* Paradoxerweise empfindet man sich in diesem Stadium aber zunächst einmal alles andere als souverän, sondern:

- fühlt sich klein,
- möchte weinen,
- ist übermäßig empfindlich,
- fühlt sich verloren,
- ist ungeduldig,
- ist angespannt,
- fühlt sich deprimiert,
- neigt zu Überreaktionen oder
- versucht, sich mit Essen zu trösten.

Wer würde nicht zugeben, dass der Tod von Angehörigen ein
Gefühl der Verletzlichkeit mit sich bringt? Wer die Chance zu
Wachstum, Heilung und Transformation ergreifen will, muss
dieser Verletzlichkeit ins Gesicht sehen. Das ist genau das, was
völlig erwachsen sein bedeutet, und es bietet sich die einzigartige
Möglichkeit, genau das zu tun.

Der Verlust der Eltern verändert unseren Status wie kein
anderes Ereignis – und ist gleichzeitig eine Chance neu
anzufangen, eine Chance, von der sie gerade zu diesem
Zeitpunkt mit größter Wahrscheinlichkeit profitieren können.
Dieser Verlust kann ein tiefes Gefühl der Trennung und der
Einsamkeit mit sich bringen – doch er lädt auch dazu ein, neue
Beziehungen zu anderen einzugehen auf eine Art und Weise,
wie man sie nie zuvor gekannt oder sich auch nur vorgestellt
hat. Er kann ungelöste Probleme an die Oberfläche bringen –
und bietet gleichzeitig die Möglichkeit, viele Elemente unseres
früheren Lebens neu zu bewerten und loszulassen, besonders
solche, die für uns hinderlich oder sogar schädlich waren. Der
Verlust der Eltern kann Auslöser dafür sein, Sie mit den
dunkelsten und abgeschiedensten Seiten der menschlichen
Erfahrung zu konfrontieren – er kann Ihnen aber auch dazu
verhelfen, Ihr wahres Potenzial zu aktivieren.

Verlust und Unsicherheit machen verletzlich

Mit dem *völligen Erwachsensein* verhält es sich wie mit jeder
anderen Entwicklungsstufe unseres Lebens auch: Die Gewinne
sind die Kehrseite der Verluste, die wir erleiden. Wenn Sie
einen wichtigen Menschen in Ihrem Leben verlieren, stellt sich
Ihnen das auch als Chance dar, Zugang zu ihrem Innersten, zu
Ihrem authentischen Ich zu finden. Der Verlust eines Elternteils – oder beider Eltern – fühlt sich nur deswegen größer an,
weil diese Beziehung so wichtig ist. Wenn man seine Eltern
verliert, hört man auf Kind zu sein; und wenn man kein Kind
mehr ist, dann muss man ohne Einschränkung endgültig

erwachsen werden. Die Trauer, die mit dieser Endgültigkeit einhergeht, setzt eine Kette von Ereignissen und emotionalen Prozessen in Gang, die Sie äußerst empfindlich werden lässt. Der Tod eines uns nahe stehenden Menschen zwingt uns vielleicht auch, dem eigenen Tod ins Gesicht zu sehen. Doch auch wenn die eigene Sterblichkeit nicht ins Blickfeld rückt – wie etwa bei Menschen, die ihre Eltern in jungen Jahren verlieren –, entstehen durch den Tod eines geliebten Menschen Veränderungen und Verschiebungen, die die bestandene Beziehung auf die ein oder andere Weise in Frage stellen. Der Verlust der Eltern wirft viele Fragen auf:

- Besteht die Beziehung zu meinen Eltern weiter?
- Was ist für mein Wohlbefinden wichtig?
- Wo werde ich hingehen, an wen werde ich mich wenden – mit den Bedürfnissen, die bisher von dem/der Verstorbenen erfüllt wurden?
- Was werde ich tun ohne die Möglichkeit, mich in die Kindheit zu flüchten?
- Wer bin ich jetzt, wenn ich nicht mehr jemandes Kind bin?
- Wie sind meine Gefühle gegenüber meiner Mutter und meinem Vater?
- Wie standen sie zu mir?
- Hatten wir eine gute oder eine schlechte Beziehung?
- Was würde ich an der Beziehung gerne ändern?
- Was habe ich von meiner Mutter/meinem Vater gelernt?
- Haben sie mein *wahres* Ich gekannt?
- Habe ich meine Mutter *wirklich* gekannt?
- Habe ich meinen Vater *wirklich* gekannt?

Niemandes Kind mehr zu sein ist ein Prozess, der ein Leben lang andauert. Es geschieht nicht über Nacht und bedeutet weitaus mehr als nur Trauer und Verlust: Sie können jetzt frei wählen, wer Sie werden wollen.

Eine Zeit des Übergangs

Ich empfehle Ihnen, ein Notizbuch (oder auch Tagebuch) zu führen, während Sie dieses Buch lesen. Es wird viele Gelegenheiten geben, Ihre Gefühle, Gedanken und Eindrücke niederzuschreiben.

Übertragen Sie jetzt die unten stehende Tabelle in Ihr Notizbuch und tragen Sie in die „Wer bin ich jetzt"-Felder ein paar Ihrer gegenwärtigen Verhaltensweisen, Rollen und Überzeugungen ein – unabhängig davon, ob Ihre Eltern noch leben oder nicht. Die **fett** gedruckten Einträge könnten von einer Person stammen, deren Eltern gestorben sind, die *kursiven* Einträge von jemandem, dessen Eltern noch leben. Wenn Ihre Eltern nicht mehr leben, gehen Sie weiter zu der „Wer war ich damals"-Spalte und denken Sie darüber nach, wer Sie einmal waren und wie Sie sich seit dem Tod Ihrer Eltern verändert haben. Wenn Ihre Eltern noch leben, tragen Sie in die „Wer kann ich sein"-Felder ein, wer Sie sein zu können glauben und wie Sie sich vermutlich verändern werden, wenn Sie Waise werden.

Wer bin ich jetzt?	Wer war ich damals?	Wer kann ich sein?
Ein Erwachsener/ *Ein Kind*	Ein Kind	Ein Erwachsener
Niemandes Kind/ *Jemandes Kind*	Jemandes Kind	Niemandes Kind
Frei, unbeschränkt/ *Betreuer*	Betreuer	Frei, unbeschränkt
Mir selbst verantwortlich/ *Meinen Eltern verantwortlich*	Meinen Eltern verantwortlich	Mir selbst verantwortlich

Diese Übung verdeutlicht den Übergang in ein neues Lebensstadium, der mit dem Tod der Eltern verbunden ist – und dieser Übergang ist es auch, der uns so verletzlich werden lässt. Man weiß, wer man war, aber man weiß noch nicht, wer man werden wird. Diese Unsicherheit trägt zu einem Gefühl der Verletzlichkeit bei. Doch diese Verletzlichkeit öffnet die Tür zu Heilung, Wachstum, Veränderung und entfacht letztendlich auch eine Kraft. Die Kraft, die Sie in diesem Stadium verspüren, wird Sie letzten Endes befreien und Ihnen neue Verhaltensweisen ermöglichen.

Diese Kraft kann entstehen aus:

- dem neue Stellenwert, den die Beziehung zu Ihren Eltern erhält.
- dem emotionalen (und vielleicht auch körperlichen) Wohlbefinden, das dem Gefühl des Verlustes folgt.
- der Erkenntnis, dass Sie den Kontakt zur Kindheit endgültig verloren haben.
- dem Gefühl, dass Sie endgültig und unwiderruflich erwachsen werden müssen.
- der Frage, wie man mit der ungewohnten Situation dieses Verlustes *gut* umgehen kann.

Der Verlust der Eltern ist ein Verlust wie kein anderer, und bevor Sie ihn nicht selbst erfahren haben, können Sie nicht wissen, wie Sie mit dieser Erfahrung umgehen sollen. Wenn Sie die Trauer überwunden haben, wird Ihnen klar, dass es an der Zeit ist, das Erwachsenwerden zu erkunden. Was bedeutet es, erwachsen zu sein? Für die meisten Menschen hat es etwas mit Verantwortung zu tun, mit harter Arbeit; damit, Pläne zu machen, Dinge zu durchdenken, dauerhafte Beziehungen einzugehen, zielorientiert zu denken, für die Zukunft zu planen.

Wenn Ihre Eltern sterben, schließt sich ein Fenster, doch gleichzeitig öffnet sich eine Tür. Sie haben die Wahl, ob Sie

den Schritt durch diese Tür machen und das, was dahinter auf
Sie warten, kennen lernen wollen oder nicht. Der Tod Ihrer
Eltern ist der Ausgangspunkt einer neuen Geschichte – wie
sich diese entwickelt, liegt bei Ihnen.

Barbara, 61

„Ich habe mich nie als jemand gesehen, der keine Eltern
hat. Der Gedanke war einfach zu schmerzhaft. Es kam
mir nie in den Sinn, dass ich einmal diesen Lebensabschnitt erreichen würde, ich wusste nicht einmal, dass es
ein eigener Abschnitt ist."

Als Erwachsener ohne Eltern öffnen Sie Ihre Augen und Ihr
Herz für eine neue und Gewinn bringende Erfahrung, die aus
dem Verlust erwachsen kann, und für das Potenzial, das aus
diesem Vakuum geboren wird und für die Wahlmöglichkeiten,
die man hat, wenn man wirklich frei ist. Das soll nicht heißen,
dass Trauer unnötig oder gar schädlich ist – ganz im Gegenteil:
Die Trauer über den Verlust Ihrer Eltern ist von entscheidender Bedeutung, um Raum zu schaffen für Ihren Wachstum. Es
ist eine Zeit, die reich an Möglichkeiten ist; eine Zeit, in der die
Neuentdeckung des Ich nicht nur theoretisch denkbar ist,
sondern in greifbare Nähe rückt.

Ihre Freiheit und Ihre Kraft geben Ihnen die einzigartige
Chance, Dinge über sich zu erfahren, einen anderen Lebensweg zu wählen oder aber den bereits eingeschlagenen Lebensweg weiterzuverfolgen, nun aber mit neuer Bewusstheit und
Entschlossenheit. Das bedeutet nicht, dass Sie auf dem Grab
Ihrer Eltern tanzen, Sie ehren im Gegenteil ihr Leben dadurch, dass Sie entschieden haben, sich und ihre Möglichkeiten voll und ganz zu entwickeln.

Wenn Sie die Chance ergreifen, sich selbst neu zu entde-
cken und sich vielleicht sogar neu zu erschaffen, dann wird der
Tod Ihrer Eltern nicht nur ein Verlust sein. Stattdessen werden
Sie Neues entdecken, weil Sie die Fragen stellen, wer Sie sind

und wo Ihr Platz auf dieser Welt ist. Wenn die Stimmen Ihrer Eltern verstummen, kann es sein, dass Sie ein tiefes Gefühl der Verlassenheit empfinden, dass Sie Liebe und Autorität vermissen. Doch es ist auch möglich, dass Sie Ihre Beziehung zu anderen Menschen stärker denn je erfahren und dass Sie jetzt Ihre eigene Liebe, Ihre eigene besondere Kraft und Ihre eigene Autorität spüren.

Alle Elemente dieses Entwicklungsstadiums wirken zusammen, drängen sich Ihnen auf und fordern von Ihnen, sich neu zu entdecken. Diese Neuentdeckung ist Inhalt Ihrer neuen Geschichte. Die Krise und ihre Kraft zur Veränderung werden wir als Nächstes untersuchen: Sie sollen verstehen, wie man einen großen Verlust in einen großen Gewinn, grenzenlose Trauer in ungetrübte Freude und unentdecktes Potenzial in atemberaubende Realität verwandeln kann.

Eine Identitätskrise: Wer bin ich?

Michael (53) besaß eine große musikalische Begabung, der er in allen Lebensphasen Ausdruck verlieh. Er spielte Klavier. Zu Hause jedoch wurde er fast nie gebeten, den Eltern etwas vorzuspielen. Stattdessen gab man ihm deutlich zu verstehen, er solle aufs College gehen und einen Beruf wie Arzt oder Zahnarzt ergreifen, wie viele andere Männer der Familie. Michael war oft deprimiert. Er unterdrückte seine musikalische Neigung und das forderte seinen Tribut. Tatsächlich dauerte es Jahre, ihn davon zu überzeugen, dass er glücklicher und vollständiger sein würde, wenn er seine kreativen Fähigkeiten erneuerte. Erst als sein Vater starb – da war Michael über 50 – begann er ganz langsam wieder Klavier zu spielen. Und sogar das war eher Zufall. Er hatte seiner Tochter vorgeschlagen, sie solle ein Klavier für ihr Zuhause kaufen, und als er an Thanksgiving bei ihr zu Besuch war, setzte er sich an das Instrument und begann zu spielen. Als er in der darauf folgenden Woche in seine Therapiesit-

zung ging, war er voller Zorn. „Warum hat man mich nicht
darin bestärkt, meiner Neigung nachzugehen?", fragte er.
„Jeder wusste, dass ich gut Klavier spielen konnte!
Warum haben meine Eltern mich nicht unterstützt?"

Die elterliche Stimme verstummt und Ihre innere Stärke erwacht

Der Verlust eines Elternteils führt zu Unsicherheit, und Unsicherheit bringt Verletzlichkeit mit sich. Diese Verletzlichkeit
verlangt eine Lösung. Sie werden aber nicht ewig unsicher und
verletzlich bleiben und sich schließlich Ihrer inneren Stärke
bewusst werden.

Wenn Sie Ihre Eltern verlieren, verlieren Sie zwei der
wichtigsten Anker in Ihrem Leben; auch wenn Sie sonst nichts
waren, sie waren immer jemandes Kind. Plötzlich sehen Sie
sich mit einer grundlegenden Frage konfrontiert: *Wer bin ich
jetzt?* Ihre Gedanken und Ihre Überzeugungen darüber, wer
Sie sind – mit anderen Worten, Ihr Selbstbild – sind untrennbar mit dem verbunden, was Ihnen die Eltern mitgegeben
haben: die Einstellungen, Werte und Verhaltensweisen, die sie
in Ihnen weckten. Die Stimme Ihrer Eltern inspirierte Ihre
eigene Stimme, genauso wie deren Stimme sich aus den
Erfahrungen mit ihren Eltern heraus entwickelte, und so
weiter und so fort, viele Generationen lang. Die Stimme
unserer Eltern hat in unserer Entwicklung ein so großes
Gewicht, dass sie in vielerlei Weise zu unserer eigenen wird,
auch wenn wir uns oft gar nicht bewusst sind, wie stark wir das
Vorbild unserer Eltern reflektieren.

Solange unsere Eltern am Leben sind, bilden sie ein Fundament, das uns sagt, wer wir sind, dass wir wichtig sind und dass
die Kindheit immer nur eine Erinnerung entfernt ist. Gleichgültig, wie sehr Ihr bewusstes Ich das Erwachsensein schätzt –
es ist doch beruhigend zu wissen, dass unter uns das Sicherheitsnetz der Kindheit gespannt ist. Ein Teil der Unsicherheit,

die mit dem Verlust der Eltern einhergeht, hat genau mit dieser Tatsache zu tun. Unabhängig davon, ob Sie einen Partner haben, Kinder oder Freunde, die oberflächlich betrachtet die gleichen Bedürfnisse befriedigen und unabhängig davon, ob das Verhältnis zu Ihren Eltern gut oder schlecht war – Ihre Eltern sind diejenigen, die Ihnen zuerst einen Platz auf der Erde eingeräumt haben. Sie haben Sie hervorgebracht, sie haben Sie begleitet und mitbekommen, was mit Ihnen passierte. Sie waren mit Ihnen verbunden, wie es nie jemand anders sein kann. Oft höre ich von Menschen in dieser Situation: „Wer wird sich je so sehr um mich sorgen?", „Wer wird für mich sorgen wie sie es taten?", „An wen kann ich mich jetzt wenden, wenn ich etwas brauche? Ich habe kein Sicherheitsnetz mehr." Ihre Eltern haben Sie geschaffen – und sie nehmen einen wichtigen und unanfechtbaren Platz in Ihrem Leben ein.

Viele Menschen wenden sich nach außen, um die Stille zu füllen, die durch den Tod der Eltern entstanden ist. Sie beschäftigen sich, sie gehen neue Beziehungen ein oder sie intensivieren bestehende Beziehungen. Sie lenken sich ab, indem sie die Stille mit Geräuschen füllen – gleich welcher Art –, solange sie dadurch den Schmerz vergessen können, den der Verlust der Eltern hinterlassen hat.

Doch um zu trauern, muss man auf die Stille hören – und man muss trauern, um Heilung zu erfahren und sich weiterzuentwickeln. Nur wer hinhört, kann die Stille wahrnehmen. Indem wir die Stille zulassen, verspüren wir das ganze Spektrum der Emotionen, die mit unserem Verlust verbunden sind. Dazu gehören die ersten vagen Vorboten, die den Prozess der Heilung und der Transformation ankündigen: Hoffnung, Offenheit und ein ungewohntes Gefühl der Freiheit. Eines der ersten und wichtigsten Gefühle wird jedoch eine tiefe Einsamkeit sein. Auch wenn es schwierig und schmerzhaft sein kann, sich dieser Einsamkeit zu öffnen: Sie ist von entscheidender Bedeutung. Erst wenn Sie den Raum, den der Verlust Ihrer Eltern hinterlassen hat, ganz durchschritten haben, können

Sie in Ihrem eigenen Leben so wohnen, wie Sie es sich wünschen.

Einsamkeit und das Fehlen von Liebe und Autorität

In der Stille, die der Tod Ihrer Eltern hinterlässt, hören Sie, wie Ihre eigene Stimme Gestalt anzunehmen beginnt. Viele Menschen werden einwenden, dass das, was unsere Stimme uns sagt, anfangs nicht leicht zu verstehen ist. Doch obwohl die Botschaft, dass wir allein sind, Angst und Trauer beinhalten kann, ist sie auch eine Botschaft der Hoffnung. Schon in der Erkenntnis unserer Einsamkeit steckt die Notwendigkeit der Neuentdeckung. In der Stille, die das Verstummen der elterlichen Stimmen hinterlässt und die eine Identitätskrise hervorruft, vernehmen wir den Ruf nach Neuentdeckung unseres Ichs. Es entsteht der Wunsch, unsere Identität neu zu definieren.

Colin Murray Parks nennt diese Zeit des Trauerns – die Zeit, in der man seine neue Identität findet – eine „psychosoziale Übergangszeit".[1] Diese Übergangszeit zeichnet sich durch ein Gefühl des Verlustes aus, verursacht durch das Fehlen der Menschen, die uns mit den „Grundbedürfnissen" des Lebens versorgt haben. Diese Grundbedürfnisse, ihre Liebe und Autorität, die Ihre Eltern Ihnen entgegenbrachten, sind die psychologischen Entsprechungen von Essen und Trinken. Ob Sie sich dessen bewusst waren oder nicht, sie waren für Ihr Überleben notwendig. Dass sie nun in Ihrem Leben fehlen, hinterlässt eine große und spürbare Lücke. Was bleibt, ist ein Gefühl der Unsicherheit und die Frage, wie – und ob überhaupt – Sie mit der Situation umgehen können.

Dass der Tod der Eltern ein Gefühl des Verlustes mit sich bringt, steht außer Frage – ich will an dieser Stelle den *Gewinn* unterstreichen: Wandel, Wachstum und neue Möglichkeiten. Das alles kann Platz finden in der Lücke, die der Tod Ihrer Eltern hinterlassen hat. Parker bestätigt diese Doppelnatur des

Verlustes und potenziellen Gewinns, wenn er schreibt: „Jede
Veränderung bringt sowohl Verlust als auch Gewinn."[2]

In der Regel ist man erwachsen, wenn die Eltern sterben –
und dennoch fühlt man die Abwesenheit ihrer Liebe und ihrer
Autorität, des Schutzraumes, den sie um uns geschaffen haben,
und der Familientraditionen, die man mit ihnen verbindet.
Das Fehlen all dieser Dinge schafft zwangsläufig ein Vakuum
und in diesem Vakuum verspürt man eine Art existenzieller
Einsamkeit, die stärker ist als jenes zeitlich begrenzte Gefühl
der Einsamkeit, das wir alle von Zeit zu Zeit verspüren.
Während Sie aber noch die Trauer und die Einsamkeit fühlen,
können Sie damit beginnen, die Freiheit zu genießen, die der
Wegfall der elterlichen Schranken mit sich bringt. Doch es
dauert seine Zeit, diese Freiheit zu finden. Die Zeit zwischen
Ihrem Verlust und Ihrem Gewinn wird ausgefüllt von der
Suche nach sich selbst und von der Freude an der Neuentdeckung Ihres Ichs. In diesem Übergangszeitraum werden Sie
auch ein starkes Unbehagen erfahren. Sie müssen aber wissen,
dass dieses Unbehagen eine Voraussetzung dafür ist, dass Sie
Ihren neuen Platz in der Welt finden.

Cynthia (51) beschrieb mir während ihrer Therapie, wie sie
nach dem Verlust Ihrer Eltern furchtbar weinte wie ein
verzweifeltes Kind. In den nächsten Sitzungen erkannte sie,
dass sie ihrer Trauer nicht entfliehen konnte und dass die
einzig mögliche Hilfe von ihr selbst kommen musste. Sie
spürte ein tiefes und paradoxes Gefühl der Heilung. Sie wollte
nicht mehr darauf warten, dass jemand anderes die Dinge ins
Lot bringen würde. Sie war endgültig kein Kind mehr und das
verlieh ihr eine Freiheit, die sie nie gehabt hatte.

Cynthia beschrieb den Verlust ihrer Eltern als das unange-
nehmste Erlebnis, das sie jemals erfahren hatte: „Ich war
unabhängig, ich hatte eine Familie und enge Freunde, und
doch erschreckte es mich zutiefst, keine Eltern mehr zu haben.
Ich hatte das Gefühl, niemand würde sich mehr um mich
sorgen. Ich hatte die beiden Menschen verloren, denen es

wirklich etwas bedeutete, ob ich lebte oder tot war, und darum fühlte ich mich ganz und gar verlassen. "

Cynthias Aussagen zeigen, dass ein Teil des Prozesses darin besteht, zu lernen, wie man ohne den physischen Kontakt zu den Eltern und ohne die Fürsorge, die sie verkörpern, leben kann. Das gilt auch, wenn man von dieser Fürsorge gar keinen Gebrauch gemacht hat. Wenn die Kindheit endet, werden Sie eine intensive, emotionale, ja sogar spirituelle Erfahrung machen, ausgelöst durch den Verlust der elterlichen Liebe und Autorität. Tatsächlich haben Sie ja die Sicherheit, die Ihnen Ihre Familie gab, auf sehr reale Weise verloren.

Wenn die Trauer nicht nachlässt

Die unten stehende Tabelle illustriert die fünf Stadien der Trauer nach Elizabeth Kubler-Ross. Diese Einteilung ist unter Experten für Tod und Sterben sowie unter Medizinern und Psychologen allgemein akzeptiert. Die hier aufgeführten Stadien sind zu erwarten, wenn ein Angehöriger oder ein enger Freund stirbt, wobei die Stärke der Symptome von der Nähe und Vertrautheit der Beziehungen abhängt.[3] Der Grad der Symptome verrät, ob Sie in Ihrer Trauer feststecken oder sie normal und produktiv durchleben. Es gibt keine allgemein gültigen Aussagen über die Symptome oder deren Dauer, trotzdem sollten Sie, wenn Ihre Trauer Sie länger als einige Wochen daran hindert, Ihren täglichen Aktivitäten nachzugehen, den Rat eines Psychologen einholen.

Die Stadien der Trauer nach Kubler-Ross	
Trauerstadium	**Anzeichen und Symptome**
Verneinung	Weigerung, den Tod zu akzeptieren; Unwilligkeit, darüber zu reden
Groll	Warum ich? Schuldzuweisungen an Gott, Ärzte, gesunde Menschen
Verhandeln	Schwüre, das eigene Verhalten, die eigenen Überzeugungen zu ändern, wenn der geliebte Mensch verschont wird
Depression	Kummer über den Tod oder den bevorstehenden Tod; Fehlen der Lebensfreude
Akzeptieren	Ruhiges Akzeptieren des Todes bzw. gelassenes Entgegensehen; die verschiedenen Lebensstadien neu begreifen

Genau dieses Unbehagen, hervorgerufen durch ungewohnte und schwierige Emotionen, weckt in Ihnen den Wunsch nach Veränderung. Wenn Sie genau hinhören, ist Ihr Veränderungswunsch und der bevorstehende Wandel, bedingt durch eine neue Freiheit, bereits ganz leise zu vernehmen. Vielleicht flüstert die Stimme zuerst nur – vielleicht singt sie auch –, aber die Worte sind die gleichen:

- Die Bedürfnisse und Ziele Ihrer Eltern halten Sie nicht länger fest.
- Jetzt ist die richtige Zeit, um neu anzufangen.
- Ab jetzt sind Sie für Ihr Leben ganz allein verantwortlich.
- Was werden Sie mit dieser Chance anfangen?

Der Tod der Eltern kann uns vor Augen führen, dass auch wir selbst sterben müssen. Wenn man in jüngeren Jahren Waise wird, denkt man allerdings meist nicht lange darüber nach. Doch wer das mittlere Lebensalter überschritten hat, wird sich wahrscheinlich durch den Tod der Eltern mit der eigenen Sterblichkeit konfrontiert sehen – und das kann auch dazu motivieren, sich selbst neu zu entdecken.

Egal, ob Ihr Wunsch nach Neuentdeckung seine Ursache in dem Gefühlschaos hat, dass das Waisendasein mit sich bringt, oder im wachsenden Bewusstsein Ihrer eigenen Sterblichkeit (oder in beidem), eines ist klar: *Nichtstun steht nicht zur Debatte.* Ihre Hauptaufgabe in diesem Entwicklungsstadium ist zu handeln – und zwar sofort zu handeln – und sich selbst neu zu entdecken. Die Erkenntnis, dass neue Freiheiten auf Sie warten und dass Ihre Zeit begrenzt ist, bestärkt Sie in dem Wunsch, Ihre Möglichkeiten und Träume zu verwirklichen.

Ein neuer Status

Die Erkenntnis, dass man keine Eltern mehr hat, und die damit einhergehende Krise sind der erste Schritt, um ihre eigene Geschichte neu zu schreiben. Der zweite Schritt hat etwas mit Ihrem neuen Status zu tun. Die Veränderung, von der ich spreche, beginnt mit dem *Erkennen* der offensichtlichen und der weniger offensichtlichen Verschiebungen, die dieses Lebensstadium mit sich bringt. Aus dem Erkennen folgt das *Akzeptieren* dieser Veränderungen. Erkennen und Akzeptieren sind parallel verlaufende Wege der gleichen Reise, auf der es keine Abkürzungen gibt. Sie müssen den existierenden Pfad benutzen, egal wie lang er ist. Erst wenn Sie diesen Weg bis zum Ende gegangen sind, sind Sie reif für die Wandlung, die Sie lehrt, ohne Ihre Eltern zu leben und die ungelösten Fragen ruhen zu lassen.

Der eigene Tod rückt näher

An einem bestimmten Punkt haben Sie erkannt, dass Sie sterblich sind, doch das Leugnen der eigenen Sterblichkeit ist weit verbreitet. Wenn Ihre Eltern sterben, müssen Sie mit zwei Aspekten des Todes fertig werden: dem gegenwärtigen Tod der Eltern und Ihrem eigenen zukünftigen Tod. Es widerspricht unserem Lebensinstinkt, die Vorstellung des eigenen Todes zu akzeptieren. Doch so schwierig es auch sein mag, die eigene Sterblichkeit wird Ihnen bewusst werden. Das schafft ein Dilemma, das Sie lösen können, indem Sie sich dazu entschließen, jeden Tag Ihres Lebens erfüllt zu leben. Damit tritt das Bewusstsein Ihrer Sterblichkeit in den Hintergrund. Es wird nicht unterdrückt, aber sie entziehen ihm einfach ihre Aufmerksamkeit.

Mark verlor seine Mutter als er 40 wurde, und obwohl ihr Tod unerwartet und schmerzhaft war, führte er sein Leben ganz normal weiter und blieb in keiner der Trauerphasen stecken. Weniger als ein Jahr später starb auch sein Vater und er reagierte völlig anders: „Es war eine Erkenntnis, die ich am ganzen Körper spürte, ich konnte sie beim besten Willen nicht ignorieren. Ich hatte es begriffen. Ich würde sterben – vielleicht nicht gleich morgen oder übermorgen, aber ich würde nicht verschont bleiben."

Bevor Mark seine beiden Eltern verlor und Waise wurde, hatte er wie die meisten Menschen seine eigene Sterblichkeit verdrängt. Obwohl er den Tod seiner Mutter erlebt hatte und sich natürlich vage bewusst war, dass auch er eines Tages sterben würde, hielt er diese Erkenntnis sicher unter Verschluss, ohne sich ihr zu stellen. Erst als der Tod seines Vaters ihm die schützende Gewissheit „Kind zu sein" raubte, wurde ihm diese tiefe, wahrhaftige Einsicht offenbart.

Celia (47) hatte mit ihren Eltern offen über den Tod gesprochen. Doch als ihre Mutter neun Jahre nach dem Vater starb und Celia Waise wurde, musste sie erkennen, dass sie eine Vorstellung vom Verlust der Eltern gehabt hatte, die wenig mit

ihrer wirklichen Erfahrung zu tun hatte: „Ich trauerte intensiv,
aber ich war nicht plötzlich zu einem bemitleidenswerten
Wesen geworden. Ich fühlte mich nicht so einsam und verängs-
tigt wie ich erwartet hatte. Wir standen uns sehr nahe und
deshalb hatte ich immer geglaubt, dass der Verlust meiner
Eltern mich umbringen würde."

Celia hatte keine Ahnung, was es bedeutet, in ihrem Alter
Waise zu werden. Soweit sie wusste, waren Waisen immer
Kinder. Sie konnte sich nicht als Waise sehen, weil Waisen für
sie von aller Welt verlassene, traurige „Oliver Twists" waren.
Diese Vorstellung ist tief in unserem kollektiven Bewusstsein
verankert. Wenn man dieses Bild bewusst oder unbewusst mit
sich herumträgt, bedeutet „Waise sein", dass man sich hilflos,
hoffnungslos und verlassen fühlt. Doch diese Vorstellung muss
uns nicht als Vorbild dienen; sie ist veraltet und wenig produktiv. Stattdessen kann man „Waise sein" neu definieren – so wie
wir es hier tun – als ein neues Lebensstadium, in dem viel Kraft
und Potenzial stecken. Trotzdem, wenn Sie diese oben be-
schriebene, tradierte Vorstellung vom Waisendasein haben,
auch wenn diese tief in Ihrem Unterbewusstsein vergraben ist,
dann erklärt das Ihre Schwierigkeit, sich selbst als Waise zu
betrachten. Wenn Sie diese Hindernisse erkennen und überwinden, dann machen Sie den ersten wichtigen Schritt, diesen
neuen Zustand zu akzeptieren. Das Waisendasein zu akzeptieren, ist sehr wichtig für Wandlung und Wachstum.

Den neuen Status akzeptieren

Die Entdeckung des eigenen Ichs birgt wertvolle Möglichkeiten in sich, die Sie für Ihr Leben nutzen können. Sich selbst zu
akzeptieren, hört sich ziemlich einfach an, aber vielen Menschen fällt das wirklich schwer. Doch es ist von zentraler
Bedeutung, dass Sie Ihren neuen Status als Erwachsener
akzeptieren. Nur so können Sie sich Ihrer neuen Identität
bewusst werden und Zutritt zu ihr finden.

Es gibt auch ganz praktische Gründe für die Schwierigkeiten, einen Verlust zu akzeptieren: Das Fehlen einer geliebten Person kann Umwälzung, Gefühlschaos und täglichen Schmerz in Ihrem Leben bedeuten. Vielleicht haben Sie sich stark an Ihre Eltern angelehnt, sahen sie regelmäßig und tauschten sich aus. Vielleicht war die Präsenz der Eltern Teil Ihres täglichen Lebens. Den Verlust der Eltern zu akzeptieren bedeutet, Veränderungen anzunehmen, die den Kern Ihres Lebens berühren. Diese Erkenntnis kann unglaublich schmerzhaft sein und man ist deshalb versucht, ihr aus dem Weg zu gehen.

Einige Menschen glauben, dass der Verlust der Eltern auf sie keine Auswirkungen hat, weil sie nur eine schwache Bindung zu einem oder beiden Elternteilen hatten. Wenn Sie sich nie mit Ihren Eltern verbunden fühlten – sich sozusagen schon immer als eine Waise empfunden haben –, dann kann es besonders schwer sein zu akzeptieren, dass nun jede Chance auf eine Kindheit verloren ist. Wie soll man etwas hinter sich lassen, das man nie hatte?

Leslie (44) sprach oft von ihrer schweren Kindheit. Ihr Vater hatte jahrelang mehr Zeit im Gefängnis als zu Hause verbracht. Die Mutter war kaum erreichbar – sie war ständig erschöpft von der Arbeit und dem Versuch, die Familie über Wasser zu halten. Als Leslies Vater starb, hatte sie schon lange keinen Kontakt mehr zu ihm. Sein Tod berührte sie nicht, weil er wie ein Fremder für sie war. Es war weitaus schwieriger – und es dauerte weitaus länger –, den Tod ihrer Mutter zu akzeptieren, weil er ihr viele schmerzhafte Lücken in ihrer Kindheit bewusst machte: „Als ich ein Teenager war, hatte ich die Hoffnung aufgegeben, je eine richtige Mutter zu haben. Sie war immer zu beschäftigt, um mir Aufmerksamkeit zu schenken. Als sie dann Zeit hatte, sich um mich zu kümmern, fühlte es sich an, als würde sie mir nachspionieren. Jetzt tut es mir Leid. Als ich erwachsen wurde, war so viel geschehen, dass ich gar nicht erst versuchte, eine wirkliche Beziehung zu ihr aufzubauen. Ich wünschte, ich hätte es versucht. Ich sah sie jedes Jahr ein paar

Mal an den üblichen Feiertagen, aber es war, als ob man eine entfernte Cousine trifft. Als sie starb, dauerte es fast ein Jahr, bis ich mir eingestand, dass ich trauerte. Eines Tages wurde mir klar, dass sie die einzige Mutter war, die ich je bekommen würde. Ich erinnerte mich an kleine Dinge, wünschte mir, ich hätte anders reagiert, etwas anderes gesagt oder wäre netter gewesen und hätte ihr dafür gedankt, dass sie so hart gearbeitet hat, um uns zu ernähren. Aber da war es zu spät und alles, was mir von unserer Beziehung bleibt, ist dieses Bedauern."

Die Weigerung, den Tod der Eltern zu akzeptieren, ist gleichbedeutend mit der Weigerung, den neuen Status als Erwachsener anzunehmen. Wie Leslies Beispiel zeigt, wird dadurch der eigene Trauerprozess behindert. Die Trauer verschwindet nicht, sie bleibt nur verborgen und wartet darauf, dass Sie sie erkennen und annehmen. Wenn die neue Rolle Ihr Bewusstsein erreicht und endlich von Ihnen angenommen wird, geht ein Licht an und erleuchtet alles in Ihnen und um Sie herum.

Sie können nicht wirklich wissen, was Ihr neues Leben beinhaltet, solange Sie nicht begonnen haben, es zu erkunden. Doch leider verbringen viele Menschen ihr Leben im Dunkel der eigenen Weigerung, das Leben so zu akzeptieren wie es ist – mit seinen unschönen Seiten und mit dem damit verbundenen Leid. Sie verschwenden Energie und Zeit damit, sich der Realität zu widersetzen, als ob dieser Widerstand die Realität ändern könnte. Dieser Widerstand kann sich auch auf ihr Waisendasein erstrecken. Wenn das geschieht, verlieren Sie nicht nur Ihre Eltern, es tritt ein weiterer Verlust hinzu. Die Zeit, die Sie verschwendet haben, können Sie nie zurückholen und Sie haben die Chance vertan, neue Horizonte zu entdecken.

Konzentrieren Sie sich auf Ihren inneren Reichtum an Möglichkeiten und Ihre potenziellen „Ichs", die nur entdeckt und zum Leben erweckt werden möchten. Diese Ichs gedeihen in dem leeren Raum, den der Tod der Eltern hinterlassen hat – viele können überhaupt erst danach aus dem Schatten heraustreten. Damit dies aber geschehen kann, müssen Sie zwei

Dinge tun: Sie müssen lernen, ohne Ihre Eltern zu leben, und Sie müssen sich von den ungelösten Fragen der Vergangenheit lösen.

Im Übrigen ist bei einigen Menschen das Gefühl des Verlustes viel kleiner als man erwarten könnte. Diese Menschen fühlen ihre Eltern ständig um sich. Sie spüren ihre Anwesenheit. Die Verbindung und die Erinnerung an die Eltern bleibt präsent. Diese Gefühle trösten sie und sie berichten, dass sie sich durchaus nicht wie Waisen fühlen.

Die Vergangenheit loslassen

Sobald wir denken können, fangen wir an, bewusste Wünsche zu formulieren. Das ist etwas, das uns von den Tieren unterscheidet. Auch ein Tier wünscht sich Futter und Schutz, doch wir haben darüber hinaus die Fähigkeit, uns dieser Wünsche *bewusst* zu sein, und unser Abstraktionsvermögen erlaubt es uns, ein Leben gemäß dieser Wünsche zu führen.

Während wir aufwachsen, brennen unsere Träume und Hoffnungen, Pläne und Ziele wie ein helles Feuer. Einige davon verfolgt man und lässt sie Wirklichkeit werden, andere verlieren sich wie Asche im Wind. Ein Teil der Aufgabe, die Sie nun erwartet, ist, nach übrig gebliebenen Funken zu suchen, die niemals brennen konnten – teilweise aufgrund Ihrer Beziehung zu Ihren Eltern. Diese Aufgabe kann eine große Herausforderung sein, kann sich manchmal sogar wie Verrat anfühlen – so, als ob Sie Ihre Eltern für nicht erreichte Ziele oder für nicht ausgeschöpfte Potenziale verantwortlich machen wollten. Doch hier geht es nicht um Schuldzuweisungen. Sie sollen nicht die Verantwortung für Enttäuschungen, Fehlschläge oder zerschlagene Hoffnungen Ihren Eltern in die Schuhe schieben, sondern sich fragen, wie das Band zwischen Ihnen und Ihren Eltern – ob es nun stark oder schwach, gut oder schlecht war – Ihre Lebensentscheidungen beeinflusst hat, und vor allem, wie es das immer noch tut. Zwei Dinge sind in dieser Lebenssituation wichtig: Zuerst einmal müssen Sie lernen, ohne Ihre Eltern, aber mit sich selbst zu leben; zweitens müssen Sie die offen gebliebenen Fragen zwischen Ihnen und Ihren Eltern erkennen und loslassen.

Lernen, ohne die Eltern zu leben

Ich habe schon kurz angesprochen, dass es nötig ist zu lernen, ohne die Präsenz der Eltern zu leben. Diese Notwendigkeit stellt nicht nur eine emotionale, sondern auch eine praktische Herausforderung dar, die sich für jeden Menschen etwas anders darstellt, weil die Beziehungen zwischen Eltern und Kindern so viele verschiedene Formen haben können – selbst zwei Kinder der gleichen Eltern haben ganz unterschiedliche Beziehungen zu ihnen.

Es ist schwer sich vorzustellen, was der Verlust der Eltern für unser Leben bedeutet, bevor der konkrete Fall eingetreten ist. Es gibt so viele Momente, bewusste und unbewusste, die von dieser Beziehung beeinflusst werden. Wenn Sie eine enge Beziehung gehabt und am täglichen Leben Ihrer Eltern teilgenommen haben, wird sich der Verlust auch in den kleinen Dingen und Momenten des alltäglichen Lebens zeigen. Die Rollen, die Sie spielten, werden dabei wichtig sein. Wenn Ihre Eltern Ihnen immer helfend zur Seite standen, Sie vor platten Reifen oder vor sich selbst retteten, dann wird der Verlust der Eltern eine Tür zu Unabhängigkeit und Selbstverantwortung aufstoßen, sofern Sie es zulassen. Waren Sie in Ihrer Beziehung zu Ihren Eltern weniger abhängig, so wird sich der Verlust in anderer Weise manifestieren. Vielleicht werden Sie ihn an Feiertagen spüren oder an Samstagvormittagen, wenn das die Zeit Ihrer regelmäßigen Anrufe war. Was immer Ihre Erfahrung ist, die wichtigste Herausforderung Ihres neuen Lebens besteht darin, die Fasern Ihres Lebens neu zusammenzuweben, wann und wo immer dieses Gewebe sich auflöst, weil Ihre Eltern nicht mehr Teil Ihrer täglichen oder wöchentlichen Gewohnheiten sind.

Das Neuverweben der losen Fäden braucht Zeit. So sehr Sie sich auch wünschen, den Prozess der Trauer schnell hinter sich zu bringen, das ist nicht möglich. Sie können ihn nicht beschleunigen, ohne die Möglichkeiten aufzugeben, die diese Lebensphase für Sie bereithält. Ich glaube, dass dies die wahre Bedeutung des Sprichwortes „Die Zeit heilt alle Wunden" ist. In der Zeit nach dem Tod Ihrer Eltern verlieren Sie viel. Aber Sie gewinnen auch etwas dazu. Sie gewinnen die Chance, Wunden zu heilen, neue Gefühle zu erleben und sich selbst neu zu entdecken. Diese Heilung kann aber nicht ohne liebevolle Unterstützung durch sich selbst oder durch andere Menschen aus Ihrem Umfeld erfolgen.

Ungelöste Probleme

Die Heilung, die der Umwandlung vorausgehen muss, wird nur dann vollständig und erfolgreich sein, wenn Sie sich selbst gegenüber ehrlich sind, was die Beziehung zu den Eltern angeht – ihre Stärken und Schwächen, ihre positiven Seiten und ihre Fehler. Jedes ungelöste Problem ist wie ein nicht geflickter Riss im Gewebe – und diese Risse, ob es nun zwei oder 20 sind, schwächen den Stoff im Ganzen. Irgendwann breiten sich die Risse aus, das Gewebe zerreißt und der Schaden beeinflusst nicht nur Ihre Vergangenheit, sondern auch Ihre Zukunft.

Es ist wichtig, dass Sie sich bemühen, mit offenen Fragen abzuschließen und alte Wunden zu heilen. Während wir die Geschichte des Elternverlusts neu schreiben, werden wir einige Male auf diesen Punkt zurückkommen, weil er von so zentraler Bedeutung ist. Es ist wichtig zu lernen, wie man von alten und eingefahrenen Gefühlen ablässt und vermeidet, sie in seinen gegenwärtigen und zukünftigen Beziehungen zu wiederholen. Das ist oft wichtiger als der tatsächliche Erfolg dieser Beziehungen.

Erforschen Sie Ihr Potenzial

In Ihrem neuen Leben ohne Eltern werden Sie immer wieder
Dinge über sich erfahren, die es Ihnen erlauben, Potenzial zu
entwickeln, das im Schatten Ihrer Elternbeziehung ungenutzt,
verborgen oder unerkannt blieb. Weil Ihre Eltern schon allein
durch ihre bloße Existenz einen Einfluss darauf hatten, wer Sie
geworden sind, gibt Ihnen das Leben ohne Eltern die Freiheit,
sich neu zu erschaffen. Das ist die Herausforderung – und
gleichzeitig eine Chance –, die der Verlust der Eltern mit sich
bringt. Sie brechen zu einer Reise auf und schreiben die
Geschichte, wer Sie sind und wer Sie sein wollen, neu.
    Wenn Sie Ihre Eltern verlieren, kann sich Ihr Leben zum
ersten Mal wirklich um Sie selbst drehen. Wie Sie sich ändern
werden ist offen – alles ist möglich. Die Änderung kann ganz
plötzlich und als Reaktion auf Ihre Bedürfnisse erfolgen, ohne
Selbstzensur, die vielleicht eine natürliche Begleiterscheinung
des elterlichen Einflusses auf Ihr Leben war. Sie werden
wahrscheinlich den größten Nutzen daraus ziehen, bisher
unterdrückte Aspekte von sich neu zu entdecken und mit
ihnen in Verbindung zu treten. Das bedeutet nicht, dass Ihre
Eltern Sie absichtlich unterdrückt haben oder Sie zwangen,
etwas zu sein, was Sie nicht sind. Die Wahrheit ist weitaus
subtiler und vielschichtiger. Ihr Wunsch, es den Eltern Recht
zu machen, verband sich mit Ihren eigenen Vorlieben und
Abneigungen – und diese wiederum entstanden unter dem
Einfluss der Werte, des Geschmacks, der Träume und Ängste
Ihrer Eltern. Ohne Schuldzuweisung: Ein Teil Ihres wirklichen
Ichs ging unterwegs verloren.
    Nun haben Sie die Freiheit, neu – vielleicht zum ersten Mal
– zu entdecken, wer Sie auf dieser Welt wirklich sein wollen. Sie
sind die Person, die entscheidet, was geändert wird und was
nicht. Sie werden die aufregende Möglichkeit haben, diese
Entscheidungen ganz allein zu treffen. Sie müssen nicht in

jemandes Fußstapfen treten und die einzigen Bedürfnisse, die Sie erfüllen müssen, sind Ihre eigenen. Die Herausforderung besteht jetzt darin, in diesem neuen Bewusstsein Ihren eigenen Weg zu finden, damit Sie Ihr ganzes Potenzial ausschöpfen können.

Verschiedene Arten von Elternbeziehungen

Leben oder Tod, wir sehnen uns nur nach der Wirklichkeit.

HENRY DAVID THOREAU, WALDEN

Es dauert ein Leben lang, die Person zu werden, die Sie sein sollen – und die Aufforderung „sei du selbst" klingt in Ihren Ohren wie ein vertrautes Lied. Sie wissen, wer Sie sind. Sie wissen, was Sie wollen und was Ihre innere Stimme Ihnen rät. Ihre Intuition und jene innere Stimme senden Ihnen Signale, und diese Stimme – Ihre eigene Stimme! – hält vielleicht einen Plan für Sie bereit. Wie deutlich Sie diese Stimme vernehmen und ob Sie ihr Aufmerksamkeit schenken oder nicht, hängt davon ab, wie gut Sie sich selbst kennen, wie empfänglich Sie für diese Stimme sind und wie aufmerksam Sie in der Vergangenheit darauf gehört haben, was Ihr innerstes Wesen Ihnen mitgeteilt hat.

Ihr einzigartiges Wesen wird, wenn Sie es zulassen, ganz von selbst zum Vorschein kommen. Als Jugendlicher und junger Erwachsener hatten Sie viele Träume und Pläne: Wichtige Entscheidungen wurden getroffen und die Fragen nach dem Sinn Ihres Lebens mussten beantwortet werden. Was werde ich aus mir machen? Wer werde ich werden? Das sind die normalen und vorhersehbaren Fragen, die man sich üblicherweise in jungen Jahren stellt.

Was man Ihnen nicht vorhergesagt hat, ist, wie Sie sich nach dem Tod der Eltern fühlen werden. Diese Frage haben Sie sich nie gestellt. Wer tut das schon? Doch der Tod Ihrer Eltern und der Verlust Ihrer Kindheit löst möglicherweise überwältigende Gefühle von Verletzlichkeit, Einsamkeit, Schmerz und Angst aus.

Jetzt gehören Sie der Elterngeneration an – egal, ob Sie eigene Kinder haben oder nicht. Sie sind sich nun selbst Mutter oder Vater. Sie sind *erwachsen*. In dieser Phase Ihres Lebens stellen Sie sich die gleichen Fragen wie als Jugendlicher oder junger Erwachsener. Was soll ich werden? Die ehrlichste Antwort darauf ist, dass der Verlust der Eltern eine aufregende Chance für Sie sein kann. Endlose Möglichkeiten warten auf Sie.

Vergessen Sie nicht: Es ist möglich, den Trauerprozess zu akzeptieren, sich seiner selbst bewusst zu werden, das Bewusstsein und den Wunsch nach Veränderungen anzunehmen und sich selbst zu befragen, was man tun und werden möchte. Dieser Prozess verläuft bei jedem Menschen anders, ob man nun 25, 35 oder 45 Jahre alt ist, Mann oder Frau, verheiratet oder Single, Teil einer großen oder einer kleinen Familie, reich oder arm.

Wie nahe standen Sie Ihren Eltern? Stand diese Nähe Ihrer Unabhängigkeit im Weg?

Der Verlust der Eltern ist eine Krise, deren Verarbeitung gut geplant werden muss. Die vertrauten Bindungen, die Ihnen Hilfe, Trost und Motivation gaben, sind abgeschnitten. Wie geht man mit dem Verlust eines geliebten Elternteils um? Seien Sie nicht naiv. Die Eltern zu verlieren und plötzlich niemandes Kind mehr zu sein, ist ein psychischer Schock. Unabhängig davon, ob Sie etwas mit der Vorstellung anfangen können, jetzt Waise zu sein oder nicht – Ihr Leben hat einen schweren Schlag versetzt bekommen. Deshalb stehen Sie unter Stress. Welche Phasen müssen Sie durchlaufen? Was tun Sie mit den Fragen und Problemen, die zwischen Ihnen und dem verstorbenen Elternteil offen geblieben sind? Und macht es einen Unterschied, ob Sie eine enge Bindung zu Ihren Eltern hatten oder nicht?

Auf den ersten Blick erscheint es unmöglich, offene Fragen und Probleme mit Menschen zu klären, die Sie verloren haben – das ist es aber nicht. Ein bewusster Trauerprozess kann schon viel dazu beitragen, Antworten zu finden. Außerdem ist es wichtig, dass Sie nachdenken, Erinnerungen hervorkramen, Briefe oder Tagebuch schreiben, Listen von Dingen machen, die Sie endlich angehen möchten. Wer *gut* trauert, nimmt sich dafür Zeit und lässt all die Emotionen zu, die an die Oberfläche drängen. Das werden viele sein – von Zorn bis Verzweiflung, von Traurigkeit bis Schmerz.

Vielleicht hilft es Ihnen, einen inneren Dialog mit der verstorbenen Mutter oder dem verstorbenen Vater zu führen. „Innerer Dialog" bedeutet, dass Sie mit dem Verstorbenen sprechen, als ob er oder sie noch am Leben wäre. Beginnen Sie mit der Unterhaltung, leise oder laut. Dann stellen Sie sich vor, was der Verstorbene Ihnen antworten würde, und so weiter. Das ist eine nützliche Übung, um Dinge aus dem Weg zu räumen und aufgestaute Gefühle auszudrücken. Der Dialog kann am Grab der Eltern stattfinden: Viele Menschen besuchen das Grab ihrer Eltern, um ihre Gefühle aufzuarbeiten und Dinge zu diskutieren.

Sarah, 43
„Ich fühlte mich, als ob ich die Stimme meiner Mutter in meinem Kopf hörte, und sie sagte wirklich nette Dinge zu mir."

Barry, 54
„Zum ersten Mal konnte ich mich meinem Vater wirklich öffnen, als er unter der Erde lag. Vielleicht brauchte ich diese Sicherheit, um mich ihm gegenüber auch von meiner verletzlichen Seite zeigen zu können."

Wie sind Sie mit dem Tod Ihrer Eltern umgegangen?
Haben Sie:

- geweint?
- geschrieen?
- Depressionen bekommen?
- nichts gefühlt?
- Ihre Gefühle verborgen?
- so getan, als ob die Situation gar nicht so schmerzlich für Sie sei?
- die Trauer allein bewältigt?
- anderen Ihre Gefühle mitgeteilt?
- mit Ihrem Therapeuten, Ihrer besten Freundin, Ihrem Ehepartner gesprochen?
- sich zurückgezogen und eingeigelt?
- Ihre Gefühle ausgelebt und sich selbst erlaubt „alles zu tun, was Sie wollten"?
- physische Symptome entwickelt?

Wie lange haben Sie getrauert? Wie lange hat es gedauert, bis Sie nicht mehr den Telefonhörer in die Hand nahmen, um die Eltern anzurufen? Wie lange wünschten Sie, Mutter oder Vater würden plötzlich auftauchen und Ihnen sagen, es sei alles nur ein böser Traum? Oder verzehrten Sie sich in negativen Emotionen und hatten das Gefühl, von Schuld oder Reue überwältigt zu werden?

Stephanie (56) beispielsweise war ihrer Mutter so eng verbunden, dass es nach deren Tod sehr schwer für sie war, wieder ins normale Leben zurückzukehren. Sie trauerte zwei

Jahre lang und fühlte sich isoliert und deprimiert. Sie konnte überhaupt keine Freude empfinden. Ohne ihre Mutter, die sie als ihre beste Freundin bezeichnete, fühlte sie sich nicht imstande, mit dem Leben fertig zu werden. Ihr inneres Kind befand sich im Aufruhr, weil Stephanie sich einfach nicht damit abfinden konnte, erwachsen zu sein, wie es erforderlich war, damit sie sich besser fühlen konnte.

Stephanie hatte getrauert, aber sie bewegte sich nicht vorwärts. Warum? Sie steckte in der Phase fest, in der sie sich wünschte, ihre Mutter kehre zurück. Sie wartete darauf, dass jemand anderes ihr Bedürfnis nach Fürsorge stillte, und sie weigerte sich, erwachsen zu werden und die volle Verantwortung für ihr Leben zu übernehmen.

Maryanne (48) stand ihrer Mutter ebenfalls sehr nahe und sie machte ähnliche Erfahrungen wie Stephanie. Ihre Abhängigkeit von der Mutter war so groß gewesen, dass sie nach deren Tod in einem Strudel von Emotionen zu versinken drohte. Sie war über Monate hinweg praktisch handlungsunfähig. Sie ging nicht aus dem Haus und kümmerte sich nicht mehr um sich selbst. Sie weinte ständig, war ihrem Mann und den Kindern gegenüber gereizt und beschuldigte ihre Schwester, sie habe die Mutter nicht gut genug gepflegt. Der Tod ihrer Mutter setzte Maryanne sehr schwer zu. Bald wurde ihr klar, dass sie unter der Oberfläche dieses emotionalen Durcheinanders aufgrund bestimmter Aspekte in ihrer Beziehung sehr wütend auf ihre Mutter war. Erst als sie erkannte, dass sie sich stärker ihrer reifen, produktiven und schlagkräftigen Seite bewusst werden musste, verstand sie, dass ihr eine Menge psychologischer Arbeit bevorstand.

„Anpassung an den Tod" ermöglicht Fortschritt

Der erste Schritt, um sich mit Ihrem eigenen Bedürfnis nach neuem Wachstum anzufreunden, ist es, den Tod Ihrer Eltern zu akzeptieren. Eigentlich ist „akzeptieren" kein besonders guter Begriff. In den letzten Jahren tendierte man stattdessen dazu, von „Anpassung an den Tod" zu sprechen. „Anpassung" ist freundlicher und vielleicht realistischer.

Als meine Eltern beide gestorben waren und ich allein zurückblieb, war ich überwältigt von der Explosion der Gefühle und Emotionen. Meine persönliche Erfahrung war der Anstoß, dieses Buch zu schreiben. Als ich begann, das Leben von Patienten und Freunden zu untersuchen, die ebenfalls „erwachsene Waisen" geworden waren, stellte ich fest, dass es ihnen ganz ähnlich ergangen war wie mir. Mir wurde klar, dass „Waise zu sein" ein ganz eigenes Lebensstadium darstellt.

Keine Eltern zu haben, ist ein Stadium, dass sich auszeichnet durch:

- den Verlust von Familienstrukturen,
- den Verlust von Autoritätsfiguren,
- die Transformation von Verletzlichkeit in ein Gefühl der eigenen Stärke,
- mehr persönliche Autorität,
- eine Kraft, der mittels der eigenen Authentizität Ausdruck verliehen wird,
- die eigene innere Stimme, die Verbindung zum tiefsten Inneren aufnimmt.

Keine Eltern mehr zu haben, kann fruchtbar sein, weil es Sie befähigt, auf befriedigende und unglaubliche Weise etwas zu erschaffen. Es ist wichtig zu wissen, dass Sie sich ändern können, und zwar auf unendlich viele Arten. Veränderung ist ein integraler Bestandteil von Trauer und Verlust. Sie haben eine neue Rolle. Sie sind jetzt völlig erwachsen, reif und stark, eine Autoritätsperson und neues Oberhaupt der Familie.

Was ist, wenn Sie sich nahe standen?

Die Menschen, die ich im Laufe der Jahre behandelte oder interviewte, hatten ganz unterschiedliche Beziehungen zu ihren Eltern. Das Gefühl der Nähe und der Vertrautheit unterschied sich von Individuum zu Individuum. In den meisten Fällen lässt sich die Beziehung zwischen Kindern und Eltern in eine der folgenden Kategorien einordnen: sehr eng, ziemlich eng, distanziert, zornig oder gleichgültig.

Grundsätzlich gilt: Je enger die Beziehung zwischen Ihnen und Ihren Eltern ist oder war, um so stärker empfinden Sie den Verlust bei ihrem Tod. Das heißt, je mehr Sie geliebt haben, um so mehr haben Sie zu verlieren. Es tut schrecklich weh, den Verlust einer nahe stehenden Person zu erleben. Ros Weston schreibt dazu: „Ein Verlust ist schmerzhaft und je größer der Verlust, um so größer der Schmerz. Weil der Verlust Schmerz verursacht, versuchen wir uns von diesem zu distanzieren oder ihn ganz zu unterdrücken. Ob solche Versuche auf lange Sicht hilfreich, gesund oder unvermeidlich sind, muss abgewartet werden."[4]

Der Verlust der Eltern setzt Gefühle, Gedanken, Bilder und Erinnerungen frei, die regelmäßig wiederkommen und die von fast allem ausgelöst werden können. Zum Beispiel erzählte mir ein Patient von Mitte 50, dass er in der Sauna eines Fitnessstudios von einem Gefühl der Verzweiflung überwältigt wurde. Er erinnerte sich daran, wie er mit sieben Jahren von seinem kürzlich verstorbenen Vater in ein Dampfbad mitgenommen worden war. Nun strömten Gedanken auf ihn ein, was für ein Leben sein Vater gehabt hatte.

Obwohl diese Erfahrung unangenehm war, war sie doch ein Zeichen dafür, dass er normal trauerte. Obwohl er sich schlecht fühlte, war es wichtig für ihn, die Trauer zu akzeptieren und seine Gefühle bewusst zu steuern, anstatt Wege zu finden, wie man sie vermeiden könnte.

Die Trauer zu steuern, heißt:

- die eigenen Gefühle zuzulassen,
- sich in keinem Fall zu verschließen,
- Unterstützung zu suchen,
- die Gefühle miteinander zu teilen,
- den natürlichen Zyklus der Trauer zu erkennen.

Was ist, wenn Sie sich nicht nahe standen?

Für Menschen, die ihren Eltern nicht nahe standen, kann der Verlust auch noch andere Gefühle freisetzen. War die Beziehung von Wut und Zorn geprägt, können Schuldgefühle auftreten und man muss sich entscheiden, ob man sie auflösen oder mit ihnen leben möchte. Vielleicht konnten Sie die enge Bindung zu den Eltern, die Sie vor Jahren aufgegeben haben, durch etwas anderes ersetzen, das ihr Leben bereicherte – wie etwa durch die Möglichkeit, eigene Entscheidungen zu fällen und selbst zu wählen, ohne Rücksicht auf die „Alten".

Die Freiberuflerin Sue (49) gibt offen zu, dass sie ihrer Mutter gerne näher gestanden hätte. Als ihr Vater früh starb, war sie am Boden zerstört. Für sie war klar, dass sie eine engere Beziehung zu ihrem Vater gehabt hätte, wenn er länger gelebt hätte. Weil Sie sich aufgrund einer nicht sehr engen Beziehung zu ihrer Mutter zu nichts verpflichtet fühlte, entschied Sue die Dinge meistens so, wie sie Lust hatte. „Ich dachte nie darüber nach, was meine Entscheidungen mit meiner Mutter zu tun hatten. Seit meinem 17. Geburtstag bin ich immer sehr unabhängig gewesen."

Brad (50) ist Geschäftsmann. Nach seiner Aussage war die einzige Veränderung, die der Tod der Eltern mit sich brachte, dass er sie nun nicht mehr besuchen musste. Er wollte sich auf keine Diskussionen über die psychologische oder emotionale Bedeutung für ihn einlassen und konnte sich auch nicht als Waise sehen. Diese Reaktion ist weit verbreitet und findet sich öfter bei Männern als bei Frauen.

Wenn Sie Ihren Eltern nicht nahe standen, aber die Chancen des Elternverlustes ergreifen möchten, beherzigen Sie folgende Ratschläge:

- Fangen Sie an, die Beziehung zu Ihren Eltern zu erkunden, ausgehend von ihrem derzeitigen Standort.
- Lassen Sie negative Gefühle los und überlassen Sie sie der Vergangenheit.
- Stellen Sie sich vor, dass Sie in einem Stadium sind, in dem Sie Neues erschaffen können.
- Finden Sie etwas, dass Sie neu beginnen wollen.

Wie schwer fällt Ihnen der Verlust und welche Faktoren spielen dabei eine Rolle?

Unabhängig von Nähe oder Konflikten beeinflussen viele weitere Faktoren, in welcher Art und Weise der Verlust der Eltern Ihr Leben berührt. Es spielt eine Rolle, wie alt Sie sind, ob Sie verheiratet sind, an welchem Punkt Ihrer Lebensentwicklung Sie sich befinden, wie sehr Ihre Eltern in Ihr erwachsenes Leben involviert waren, welchen Platz Sie in der Familie einnehmen, ob Sie Geschwister haben, welchen Anteil an der Pflege der Eltern sie hatten, ob Sie männlich oder weiblich sind.

Es ist auch von Bedeutung, welchen Elternteil Sie verlieren. Meistens ist es offenbar schlimmer, die Mutter zu verlieren, wobei bei Männern der Verlust des Vaters ebenso schwer wiegen kann. Janet Littlewood schreibt, dass der Tod einer Mutter wahrscheinlich schwerer zu verkraften ist als der Tod des Vaters: „Die Rolle der Mutter als Nährende und Umsorgende spielt für ihre Kinder auch im Erwachsenenalter noch eine Rolle."[5] Die Mutter steht gleich nach dem Lebenspartner an zweiter Stelle, wenn es darum geht, jemanden anzurufen, weil man ein Problem hat. Viele Menschen verlassen sich auch als Erwachsene noch auf Mutters Fürsorge. Für andere dagegen wäre ein Anruf bei der eigenen Mutter das Letzte, was ihnen in den Sinn käme.

Ich erinnere mich an eine Unterhaltung mit einem reizenden 70-jährigen Mann mit blitzenden blauen Augen und silberweißem Haar, der vor einigen Jahren mit mir zusammen in einem Verwaltungsrat saß. Er wusste, dass ich an diesem Buch schrieb, und trug hin und wieder einen Gedanken aus seiner eigenen Erfahrung bei. Er hatte vor kurzem seine Mutter verloren. Eines Tages nahm der Mann nach einer Sitzung meine Hand und sagte:

> „Dr. Butler, ich muss Ihnen etwas erzählen. Meine Mutter ist vor mehr als einem Jahr gestorben. Ich höre immer noch ihre Stimme und ich habe immer noch das Bedürfnis, mit ihr zu sprechen. Jeden Abend rief ich sie an, bevor ich ins Bett ging, nur um zu hören, ob alles in Ordnung sei und wie sie sich fühle. Ich war ihr einziges Kind. Ich greife immer noch abends nach dem Telefon, um sie anzurufen, obwohl sie schon über ein Jahr tot ist. Stellen Sie sich das vor! Ich bin schon ein alter Mann und bin doch immer noch ein braver Junge. Ich werde meine Mutter immer vermissen."

Das Geheimnis der Mutterschaft berührt zu jeder Zeit unser Herz. Dass wir vielleicht immer den Kontakt zu unserer Mutter brauchen, die uns genährt hat, kann ein wundervoller oder ein erschreckender Gedanke sein. „Meine Mutter war immer für mich da, egal, worum es ging. Wie kann ich das jemals ersetzen? Diese Erkenntnis ist sehr schmerzlich." (Paula, 34)

Maxine Harris schreibt dazu: „Für die meisten Menschen liegt der Verlust eines Elternteils bei zehn auf der emotionalen Richterskala. Es wird einem der feste Boden unter den Füßen weggezogen. Das, was das Leben zusammenhielt, sicher und solide erscheinen ließ, ist plötzlich verschwunden."[6] Dann zitiert sie C.S. Lewis, dessen eigene Mutter starb, als er neun Jahre alt war: „Mit dem Tod meiner Mutter verschwand all die gewohnte Freude, alles Ruhige und Verlässliche aus meinem Leben. Ich hatte später viel Spaß, viel Vergnügen, viele kleine Freuden, aber nicht mehr die alte Sicherheit. Diese Dinge waren wie Inseln im Meer; der große Kontinent aber war versunken, wie Atlantis." Harris ergänzt: „Der feste Boden war für immer aus Lewis' Leben verschwunden, und obwohl es viele Momente gab, in denen er sich sicher und stabil fühlte, kam er sich oft vor wie eine Nussschale auf rauer See."[7]

Cathy (50) hatte viele Probleme mit ihren Eltern, doch sie fand ihren Frieden mit ihnen und mit sich selbst:

„Niemand hatte größere Schwierigkeiten mit seinen Eltern als ich. Meine Eltern waren beide wirklich schwierig. Mein Vater war in der Bekleidungsbranche tätig und Mutter arbeitete für ihn. Sie waren ständig auf Geschäftsreisen und ließen meinen Bruder und mich bei den Großeltern. Ich hatte das Gefühl, dass sie mehr unterwegs waren als zu Hause. Mein Bruder und ich bekamen sehr wenig Zuwendung, Anerkennung oder Lob, wenn wir etwas gut gemacht hatten. Gott sei Dank gab es unsere Großeltern. Wären sie nicht gewesen, weiß ich nicht, was aus meinem Bruder und mir geworden wäre.

Als ich älter wurde, begriff ich, dass meine Eltern beide Arbeitstiere waren und dass sie eigentlich nicht zu den Menschen gehören, die Kinder haben sollten. Jahrelang war ich böse auf sie und zeigte ihnen das auch. Zum Beispiel war ich schlecht in der Schule. Einmal rannte ich von zu Hause weg zu einer Freundin. Ich hatte unpassende Freunde und schaffte kaum die Aufnahme aufs College. Zum Glück verliebte ich mich in einen Jungen mit starkem Charakter und einer intakten Familie. Ich heiratete ihn früh, um von meinen eigenen sich stets distanzierenden und für mich unerreichbaren Eltern wegzukommen.

Als ich Anfang 40 war, starb mein Vater plötzlich an einem Herzinfarkt und meine Mutter übernahm das Geschäft. Obwohl sie wirklich trauerte, änderte sie nie ihr Verhalten. Mama blieb emotional distanziert und betäubte ihre Gefühle mit Plänen, Papas Geschäft ins Ausland zu expandieren. Fünf Jahre später wurde bei ihr Leberkrebs diagnostiziert und innerhalb eines Jahres war sie tot. Ich konnte nicht glauben, dass das Leben so grausam sein kann. Ich habe beide Eltern innerhalb von sechs Jahren verloren!

Aber ich muss einen Glücksstern haben, denn zwischen dem Tod meines Vaters und der Diagnose meiner Mutter hatte ich mit meinem Mann eine Therapie begonnen. Die Therapeutin riet mir, mich der Wut gegenüber meiner Mutter zu stellen. Zuerst lehnte ich das völlig ab, doch dann begriff ich, dass es sinnvoll war, mit meinen negativen Gefühlen umzugehen, bevor sie starb. So konnte ich für sie da sein, wenn sie krank würde, ohne ihr dabei ständig vorzuwerfen, was für eine schlechte Mutter sie gewesen war.

Mein Plan erwies sich als Segen, denn als meine Mutter wirklich starb, blieben sehr wenige Fragen offen. Natürlich gibt es für den Tod der eigenen Mutter nie einen geeigneten Zeitpunkt, und ich hätte ihr sicherlich öfter sagen können, dass ich sie liebe, aber im Großen und Ganzen hatte ich wenig zu bereuen. Ich hatte mich mit ihr ausgesöhnt. Ich hatte die Brücke überquert. Sie war gestorben als Freundin ihrer Tochter und ich war stolz auf meine Versuche, alles in Ordnung zu bringen, bevor es zu spät war."

Der Verlust einer geliebten Person ist immer traumatisch, doch in verschiedenen Lebensabschnitten kann die Erfahrung aus verschiedenen Gründen besonders schwierig sein. Die Bedeutung enger Beziehungen nimmt im mittleren Alter zu, vielleicht, weil unsere Werte sich ändern, vielleicht auch, weil wir selbst näher an den Tod heranrücken. Die Menschen, die uns im Leben nahe stehen, werden uns wichtiger. Sie zu verlieren, schmerzt mehr und hat eine größere existenzielle Bedeutung. „Etwas oder jemanden zu verlieren heißt, dass uns etwas oder jemand entzogen wird, um den oder um das herum wir unser Leben organisiert haben. Das stellt unsere Weltüberzeugungen in Frage."[8] Die Trennung von denen, die uns geholfen haben, unser Leben zu organisieren, reißt eine unübersehbare Lücke. Diese Lücke führt uns vor Augen, auf welchem Fundament unsere Weltsicht begründet ist.

Wenn man seine Eltern als Kind oder mit Mitte 20 verliert, kann das ohne Zweifel ebenfalls erschütternd sein – allerdings aus völlig anderen Gründen. In einem frühen Alter verliert man mit den Eltern ein Rollenvorbild, ihre finanzielle oder emotionale Unterstützung. Die Eltern hätten dem Kind in seiner Entwicklung vielleicht helfen und ihm eine Richtung vorgeben können, aber die Beziehung war noch nicht so klar definiert, wie es nach vielen Jahren der Einflussnahme der Fall ist. Faktoren, die bei einem Elternverlust im Erwachsenenalter eine Rolle spielen, sind:

- der Grad der Nähe zwischen erwachsenem Kind und Mutter/Vater,
- die Zeit, die der Erwachsene mit Mutter/Vater verbringt,
- wie viel Energie und Aktivität man als Erwachsener mit Mutter/Vater geteilt hat,
- welche Rolle Mutter/Vater noch im Leben des Erwachsenen spielt.

Eingefrorene Trauer

Wenn die Beziehung zu den Eltern von Abneigung geprägt oder destruktiv war, ist die Trauer der Hinterbliebenen oft von Schuldgefühlen, Reue, Bedauern oder Verneinung geprägt. Oder es findet überhaupt keine Trauer statt. Das ist schlecht, weil diese Waisen dann sehr viel Energie darauf verwenden müssen, negative Gefühle oder Erfahrungen aufzulösen. Diese Anstrengungen nehmen eine Menge Zeit und Kraft in Anspruch, sie dauern monate- oder sogar jahrelang und sie können in einen Zustand münden, der „eingefrorene Trauer" genannt wird. Diese eingefrorene Trauer kann sich lösen, wenn man sich entscheidet, Trauer zuzulassen.

Anthony (45) ist Geschäftsmann. Er beschreibt die Beziehung zu seiner Mutter als „in Ordnung", die Beziehung zu seinem kürzlich verstorbenen Vater dagegen als schlecht. Anthonys Worten zufolge bedeutete der Verlust des Vaters für ihn lediglich, dass er weniger zu tun hatte: keine Fahrten ins Krankenhaus zu nachtschlafender Zeit, keine Einkäufe mehr, keine Sorge darüber, dass seinem Vater etwas fehle. Anthony war nur sporadisch an der Pflege beteiligt. Sein jüngerer Bruder und eine bezahlte Kraft leisteten den größten Teil der Pflege.

Wie üblich fühlte Anthony weder Liebe noch Verbindung zu seinem Vater, den er als kalt und ihn ewig kritisierend beschrieb. Seine Trauer bestand darin, dass er sich an all die Wunden erinnerte, die sein Vater ihm zugefügt hatte. Er betäubte seine negativen Emotionen mit Alkohol. Schließlich hatte seine Frau genug und schleifte ihn buchstäblich in eine Therapie.

Carl (40) fühlte sich dem Vater gegenüber bei dessen Tod ähnlich fremd. Er sprach von Schuldgefühlen, weil er nie in der Lage gewesen war, die zerbrochene Beziehung zu reparieren. Seine Schuldgefühle waren so stark, dass er sehr launisch und depressiv wurde.

Carl versuchte, mit seinem Gefühlschaos fertig zu werden, indem er es ignorierte und bis zur Erschöpfung Golf spielte. Doch obwohl er mehrmals die Woche auf dem Golfplatz war, ließen sich seine Emotionen nicht unterdrücken. Eines Tages schnitt seine Frau während der Eheberatung mit Carl das Thema an und sagte: „Wir wissen alle, was wirklich mit Carl los ist. Er rennt davor weg sich einzugestehen, wie er sich jetzt nach dem Tod seines Vaters fühlt. Sein Vater war ein großer Teil seines Lebens, aber er weigert sich darüber zu reden."

„Ich war immer ich selbst"

Natürlich gibt es auch Menschen mit dem beneidenswerten Gefühl, dass ihre Identität nie durch elterliche Grenzen bedroht wurde. Diese Menschen fühlen sich wohl mit sich selbst, haben eine positive Selbsteinschätzung, treffen stets ihre eigenen Entscheidungen, tun die Dinge, die sie tun wollen, sind glücklich, sicher und verwirklichen sich selbst.

Michele, eine erfolgreiche College-Professorin Mitte 50, beschrieb ihre Beziehung zu den Eltern, die inzwischen beide gestorben sind, als einigermaßen eng. Sie sagte, alle Kinder der Familie seien dabei unterstützt worden, sich akademisch hervorzutun. Sie seien aber auch dazu ermuntert worden, sich als Individuen zu entwickeln. Obwohl man in der Familie erwartete, dass die Kinder Akademiker würden, hatten diese das Gefühl, sich grundsätzlich auch für einen anderen Lebensweg entscheiden zu können – wenn sie das wollen würden. Sie wurden ermutigt, „sie selbst zu sein". In Micheles Familie waren Struktur und Disziplin wichtige Werte. Die Kinder wussten genau, was die Eltern von ihnen erwarteten, und jedes von ihnen hatte seine häuslichen Pflichten. Dass sie sich alle gut entwickelten und Akademiker wurden, ist ihren eigenen Worten zufolge „ein Glücksfall".

Als ich Michele fragte, ob sie sich als Waise fühlte, antwortete sie: „Ja, ich glaube schon, dass ich Waise bin, aber ich denke nicht viel darüber nach. Ich lebe jetzt einfach den Rest meines Lebens. Aber ich vermisse meine Eltern schon." Die Frage, ob sie noch offene Fragen hätte, verneinte sie. Auf die Frage, ob sie beabsichtige, irgendetwas in ihrem Leben zu ändern, sagte sie: „Vermutlich nicht."

Interessanterweise hat Michele eine jüngere Schwester namens Marta. Als jüngstes Kind der Familie war Marta immer ein wenig das Nesthäkchen gewesen. Sie beschrieb sich selbst als braves Mädchen, das immer tat, was man von ihr erwartete. Sie war ein künstlerischer Typ und wollte, obwohl sie studierte und Kunsttherapeutin wurde, immer extravagant und unkonventionell sein. Als ihre Eltern starben, waren die Auswirkungen auf Marta, wie nicht anders zu erwarten, wesentlich stärker als bei ihrer Schwester.

Sie gab ihren sicheren Job als Kunsttherapeutin in einem Krankenhaus auf und ging ein großes Wagnis ein, indem sie etwas tat, was sie schon immer hatte tun wollen. Sie belegte Skulptur-Kurse und erfand sich als Künstlerin neu. Sie beschrieb sich selbst als glücklich und sagte: „Ich habe mich wirklich geändert, und alles, was mit mir passiert ist, fühlt sich gut und richtig an."

Starke Persönlichkeiten, die stärker zur Selbstverwirlichung neigen, können sich offenbar leichter mit Wachstum und Transformation als Folgen des Elternverlustes anfreunden. Jane Campbell, Paul Swank und Ken Vincent stellen dazu fest: „Die Auflösung von Trauer ... hängt mit Charaktereigenschaften wie Resolutheit zusammen. ... Resolute Menschen sind engagiert bei der Sache, haben das Gefühl, ihr Leben zu kontrollieren und sehen das Leben als eine Reihe von Herausforderungen an."[9]

Deshalb ist Resolutheit die beste Voraussetzung dafür, den Trauerprozess erfolgreich zu bewältigen und Ihr neues Erwachsenendasein voll auszuschöpfen. Für eine resolute Herangehensweise ist es nötig, das Folgende zu tun:

1. Lassen Sie sich auf den Trauerprozess ein.
2. Sehen Sie den Prozess des Trauerns als eine Herausforderung an und akzeptieren Sie alle Gefühle und Gedanken als wichtig.
3. Akzeptieren Sie die Herausforderung, sich selbst neu zu entdecken, indem Sie an sich selbst und an Ihr Recht auf ein glückliches und erfülltes Leben glauben.

Wie man in Abwesenheit der Eltern offene Fragen klärt
Beantworten Sie in Ihrem Notizbuch folgende Fragen:

- Werden Sie sich Ihres Ziels bewusst. Möchten Sie Ihre Wut überwinden? Oder eine psychologische Barriere beseitigen, die ihren Ursprung in der Elternbeziehung hat und die die Nähe zu ihnen verhindert? Gibt es andere Gründe?
- Arbeiten Sie an Ihrem Ziel. Verwenden Sie dabei innere Dialoge, diskutieren Sie in Gedanken mit Ihrem verstorbenen Elternteil, führen Sie direkte Gespräche am Grab, schreiben Sie einen Brief.
- Teilen Sie diese Information mit einem Therapeuten, Partner, Freund/Freundin oder einem Geschwisterteil.

Die folgende Übung eignet sich für jeden, der Mutter oder Vater verloren hat. Schreiben Sie diese Fragen in Ihr Notizbuch und beantworten Sie sie für sich selbst. Notieren Sie in ein paar Sätzen Ihre Reaktion:

- Wie würde ich die Beziehung zu meiner Mutter beschreiben? Zu meinem Vater?
- Was war gut und was war schlecht an diesen Beziehungen?
- Welcher Art war der Konflikt mit meiner Mutter/mit meinem Vater?
- Will ich daran arbeiten, diesen Konflikt zu lösen?

- Hätten meine Eltern meinen Versuch, Familienkonflikte zu lösen, begrüßt? Wären sie in der Lage gewesen, positiv zu reagieren, wenn ich den ersten Schritt gemacht hätte?
- Was hätten meine Eltern getan, um unsere Beziehung zu verbessern, wenn Sie gewollt hätten?
- Was hat mir an meinen Eltern gefallen und in welcher Hinsicht bin ich ihnen ähnlich/nicht ähnlich?

Wenn es eine Vorbereitung auf den Tod gibt, dann ist es die Versöhnung mit den Eltern, bevor sie sterben

Wenn es einen Weg gibt, sich auf den Tod der Eltern vorzubereiten, dann ist es der, sich so gut wie möglich für eine Versöhnung einzusetzen. Die meisten von uns hätten sicherlich eine bessere Beziehung zu ihren Eltern haben können. Wir hätten offener miteinander reden, mehr sinnvolle Zeit miteinander verbringen und unsere kostbaren Momente ohne Streit oder Ärger verbringen können. Es ist gut, die Konflikte nach dem Tod der Eltern aus der Welt zu räumen (besser als es gar nicht zu tun), aber es ist auch gut, sie zu lösen, bevor die Eltern sterben. Die beste Vorbereitung auf den Tod der Eltern, der irgendwann kommen wird, ist die Versöhnung mit ihnen, bevor sie sterben.

Wenn Sie sich fragen, wie Sie die Probleme mit den Eltern lösen können, dann ist es hilfreich, sich vom Gefühl des Zorns zu befreien und etwas zu riskieren. Beispielsweise könnten Sie seit langem eine Wut auf Ihren Vater haben, weil er Sie dazu gedrängt hat, in den Familienbetrieb einzusteigen. Als Sie es versuchten und es Ihnen nicht gefiel, hat er Sie beschuldigt, dass es Ihnen nicht ernst genug damit sei. Schließlich entschlossen Sie sich, etwas anderes zu machen, und er konnte Ihnen nicht verzeihen, dass die Firma nach seinem Tod nicht weiter bestehen würde.

Sind Sie reif genug, Ihren Vater als das zu akzeptieren, was er ist, und zu verstehen, warum er auf eine bestimmte Weise fühlte und handelte? Wenn Sie das können, dann haben Ihre alten Wunden eine Chance zu verheilen und Sie sind in der Lage zu vergeben und zu vergessen. Sie müssen verstehen, dass er nicht perfekt ist – ebenso wenig wie Sie es sind. Das sollte es Ihnen leichter machen, ihn als das zu akzeptieren, was er ist, genau so, wie Sie sich von ihm wünschen, akzeptiert zu werden. „Akzeptanz" ist das Schlüsselwort. Sie ist die Voraussetzung dafür, was heutzutage gerne „Liebe ohne Bedingungen" genannt wird.

Das Wichtigste ist, sich selbst zu akzeptieren. Wenn Sie es schaffen, sich selbst zu akzeptieren, können sie mit dem Elternteil, mit dem es ein Problem gibt, eine Kommunikationsebene finden. Wenn Sie sich selbst annehmen, können Sie zu Mutter oder Vater sagen: „Es würde mir helfen, wenn du mir sagst, warum dir ... so wichtig ist." Die Tatsache, dass Sie sich selbst angenommen haben, bewirkt, dass die Meinung von Mutter oder Vater genau das ist: *nur* eine Meinung. Sie akzeptieren sich selbst, daran kann eine abweichende Meinung nichts ändern. Aber vielleicht erlaubt Ihnen diese Meinung, die Beweggründe der Eltern besser zu verstehen und letztendlich auch zu akzeptieren.

Die Arbeit, die Sie investieren, um die gestörte Elternbeziehung zu reparieren und Ihre Wunden zu heilen, ist von größter Bedeutung. Wenn Sie einen Weg finden können, für die Eltern Liebe statt Wut zu empfinden, gewinnen Sie Zeit und Energie. Diese müssen Sie andernfalls aufwenden, um die Verbitterung zu überwinden, mit der sie sich konfrontiert sehen, sobald Ihre Eltern sterben und Sie allein sind. Dass Sie sich ändern werden, liegt in der Natur der Psychologie des Trauerns. Ob der Wandel zu einer Erneuerung führt oder nicht, hängt davon ab, wie stark Sie bereit sind, sich der Herausforderung zu stellen.

Michael (46), Autor und Dokumentarfilm-Produzent, ist ein gutes Beispiel für eine Wiederannäherung. Er verarbeitete seine Trauer mithilfe einer Methode, die er selbst „konstruktive Kommunikation" nennt. Er schrieb eine Reihe von privaten und unveröffentlichten Dialogen für die anderen Mitglieder seiner Selbsthilfegruppe, die eine gesunde Interaktionen zwischen den Hinterbliebenen und ihren verstorbenen Eltern fördern sollten. Die Dialoge ermutigten zum Kommunizieren, Hören und Zuhören. Darüber hinaus demonstrierten diese Dialoge, wie man in einer Zeit von Krankheit und Tod miteinander redet. Ihr Ziel war es, allen Beteiligten zu helfen, den Eltern ebenso wie den erwachsenen Kindern. Tatsächlich erwiesen sich diese Dialoge als gut für alle Mitglieder einer Familie, auch für Geschwister, Tanten und Enkel. Oft bedarf es allerdings mehr als einer Unterhaltung, um die Beziehungen zwischen Eltern und erwachsenem Kind oder zwischen anderen Familienmitgliedern zu verbessern.

Ein Trauerprozess ohne Schuldgefühle und Reue

Es ist nicht leicht, die Gedanken daran, was die Eltern uns gegeben haben oder nicht gegeben haben, beiseite zu legen. Es ist oft schwer, die erlittenen Verletzungen, Enttäuschungen und Fehlschläge zu vergessen. Doch das Beste, was Sie für sich selbst – und für Ihre Eltern – tun können, ist, zu versuchen, über all das hinwegzukommen, was Sie noch beschäftigt. So wird es Ihnen hoffentlich gelingen, nicht mehr Ihre Eltern für die Schwierigkeiten verantwortlich zu machen, die Sie im Leben hatten.

Um den Schuldzuweisungen ein Ende zu bereiten, kann es manchmal hilfreich sein, sich bewusst zu machen, dass sie vielleicht schon bald sterben werden und dass Ihre älter werdenden Eltern nicht viel tun können, um eine Kommunika-

tion in Gang zu bringen. Brücken bauen oder ihre Haltung
ändern werden sie zu diesem Zeitpunkt vielleicht nicht mehr
können – zumal dann, wenn sie es schon in der Vergangenheit
nicht geschafft haben. Für Sie ist es jedoch die letzte Chance,
die Dinge zu sagen, die gesagt werden müssen, darum sollten
Sie es jetzt versuchen. Und dann vergeben und vergessen Sie
und lassen die Vergangenheit ruhen, noch bevor Ihre Eltern
sterben. Sie werden davon profitieren, wenn Sie die Initiative
für diesen Heilungsversuch übernehmen und bewusst eine
liebevolle, mitfühlende Haltung Ihren Eltern gegenüber einnehmen.

Wie gut jemand mit einem Verlust umgeht, wird beeinflusst
von:

- der Art der Beziehung, die der Hinterbliebene zu der
  verstorbenen Person hatte,
- der Persönlichkeit des Hinterbliebenen,
- den sozialen Begeleitumständen,
- der individuellen psychologischen Reaktion auf den Verlust,
- Pflichtgefühlen gegenüber dem Verstorbenen.

Das Überwinden der Trauer wird beeinflusst durch:

- ambivalente Gefühle gegenüber dem Verstorbenen,
- ungelöste Konflikte mit dem Verstorbenen,
- Abhängigkeit vom Verstorbenen.

Brechen Sie das Eis

Kleine Schritte

Wenn Sie in der Vergangenheit häufig Konflikte mit Vater oder Mutter hatten, aber vor dem Tod noch eine Versöhnung herbeiführen wollen, bieten sich kleine Schritte an, die Sie unternehmen können, um das Eis zu brechen, besonders wenn der Elternteil krank und schwach ist:

- Sprechen Sie mit einem Ihrer Geschwister oder einem anderen Verwandten darüber, wie wahrscheinlich es ist, dass Mutter/Vater auf Ihr Angebot eingeht.
- Besprechen Sie mit einer anderen Person die Bedürfnisse des betreffenden Elternteils.
- Schreiben Sie einen Brief. (Wenn der Brief einen aggressiven Ton bekommt, müssen Sie ihn nicht abschicken. Aber auch das Schreiben eines solchen Briefes kann dazu beitragen, sich von Ärger zu befreien, um dann einen weniger streitsüchtigen Brief zu verfassen, den man schicken kann.)
- Schicken Sie ein Bild der Enkelkinder, wenn es welche gibt.
- Wenn beide Eltern noch leben, sprechen Sie mit demjenigen, der Ihnen näher steht.
- Bewerten Sie die Situation noch einmal neu.
- Schicken Sie Blumen.
- Versuchen Sie, eine gemeinsame Pflege durch Familienmitglieder und/oder Pflegedienste zu organisieren.
- Sagen Sie dem betreffenden Elternteil, dass Sie das Eis brechen wollen.

John, 38

„Mein Vater und ich vertrugen uns nie, und nachdem er und meine Mutter geschieden waren, sah ich ihn nicht mehr oft. Manchmal rief er aus Texas an, wohin er nach seiner erneuten Heirat gezogen war, aber er hatte wieder Kinder und ich dachte wohl, dass er sich nicht mehr mit mir abgeben wollte. Auch auf meine Mutter war ich sauer aufgrund der Art, wie sie die Familienangelegenheiten nach der Scheidung gehandhabt hatte. Nach dem College zog ich weg und heiratete eine Frau aus einer großen Familie.

Als meine Mutter krank wurde, kümmerte sich ihre Schwester um sie. Ich hatte starke Schuldgefühle und meine Frau schlug vor, dass ich doch wenigstens einmal im Monat anrufen oder ihr etwas Nettes schicken könnte. Ich wusste, dass das nicht genug war, schließlich war es ja meine Mutter. Aber es existierte eine solche Wand zwischen uns. Ich wusste nicht, ob ich sie durchbrechen konnte, obwohl Mutter im Sterben lag. Meine Frau kaufte ein Nachthemd für meine Mutter. Es war nur eine Kleinigkeit, aber ich fühlte mich ein wenig besser. Nachdem sie gestorben und ich auf der Beerdigung gewesen war, brach ich eines Tages zusammen und weinte, weil ich mich ihr gegenüber nie wirklich geöffnet hatte. Jetzt war es zu spät. Diese Leere wird wahrscheinlich bis ans Ende meines Lebens in mir bleiben. ... So ist es einfach."

Max, 57

„Als mir klar wurde, dass ich den Zorn auf meinen Vater überwinden musste, war es zu spät. Er war so senil, dass ich mich kaum mit ihm unterhalten konnte. Ich frage mich, ob er vielleicht verrückt wurde, weil er nie in der Lage gewesen war, normal mit uns zu reden. Immer kritisierte er uns für irgendetwas. Nichts war ihm je recht.

Kaum zu glauben, dass meine Schwester und ich ohne Schäden davongekommen sind. Wir erhielten überhaupt keine Zuneigung von ihm. Er war ein so kalter Mensch. Vor seinem Tod beschlossen meine Schwester Natalie und ich, dass wir versuchen wollten, ihm zu verzeihen, obwohl er so ein Monster gewesen war. Wir hielten fest zusammen und wechselten uns damit ab, für ihn zu tun, was wir konnten. Ich kann Ihnen ehrlich sagen, dass es nicht von Herzen kam, aber wir schafften es, ihn ein wenig zu pflegen. Es war gut, dass wir diesen Schritt gingen, denn nach der Beerdigung umarmte mich Natalie und sagte: ‚Wir waren immer allein, aber zumindest haben wir etwas für den Mann getan, der für unser Leben verantwortlich ist. Ich hätte es nicht ertragen können, hätten wir ihn einfach ohne Unterstützung sterben lassen.‘ Ich musste ihr Recht geben.“

Mit Ritualen Abschied nehmen

Gute Gründe sprechen dafür, die Beziehung zu den Eltern ins Reine zu bringen, bevor sie sterben. Kommunikation ist ein Teil dieses Prozesses. Unausgesprochene Gedanken und Gefühle sorgen gewöhnlich nach dem Tod der Eltern für Frustration. Aber auch dann können Sie mit ihnen sprechen und sagen, was Sie noch sagen wollten. Diese Worte können heilen und ihre Beziehung zu den Eltern beschließen.

Ein Teil der Vorbereitung auf den Tod der Eltern besteht in der Überlegung, wie Sie die letzten Tage mit Ihren Eltern verbringen wollen. Viele meiner Patienten waren davon überzeugt, dass es besser und heilender gewesen wäre, wenn sie sich darauf vorbereitet hätten. Marsha (52) sagte zum Beispiel: „Jetzt, wo auch meine Mutter nicht mehr da ist, denke ich daran, wie gut es gewesen wäre, ein vorher geplantes Gespräch mit ihr zu führen, um Probleme zu bereinigen. Ich hätte über unsere Beziehung gesprochen und darüber, was ich an ihr

mochte. Ich hätte sie etwas gefragt, das nur mich betrifft, wie:
‚Warum wolltest du nicht, dass ich auf die Theaterschule
gehe?' oder ‚Was gefällt dir an mir am besten?'"

Viele Menschen, mit denen ich sprach, äußerten ähnliche
Gedanken. Daher glaube ich, dass ein geplantes Gespräch
(oder sogar eine ritualisierte Abschlusszeremonie) mit einem
sterbenden Elternteil sehr wohltuend sein kann. Sicherlich
wird nicht jeder das umsetzen wollen, aber es hat sich als
effektiv erwiesen. Ein 55-jähriger Kollege erzählte mir: „Als
meine Mutter starb, versammelten wir uns alle und hielten
eine Art Dankzeremonie für sie ab. Jeder schilderte, was er an
Mutter am meisten gemocht hatte, wie sie jeden von uns
beeinflusst hatte, was unser Lieblingsessen gewesen war, was
wir am meisten an ihr schätzen. Jeder von uns sagte: ‚Ich liebe
dich – danke, dass du eine so gute Mutter warst', und dann
saßen wir alle herum und hörten Beethoven, ihre Lieblingsmu-
sik. Als sie ein paar Tage später starb, fühlten wir uns alle
friedlich und vollständig."

Wenn Sie eine Liste mit Dingen schreiben müssten, die Sie
Ihrer Mutter oder Ihrem Vater vor dem Tod noch sagen
wollen, was würde darauf stehen? Auf wohl geplante Weise
Abschied zu nehmen, ist ein Ritual. Auch die Vorbereitungen,
die Sie für Ihre letzten Unterhaltungen treffen, sind Rituale. In
Vorbereitung auf ein solches Ritual können Sie vorher darüber
nachdenken, was Sie zu Ende bringen möchten, bevor die
Eltern sterben. Sie könnten Dinge sagen wie:

- Ich bin froh, dass du mein Vater/meine Mutter bist.
- Ich freue mich, dass wir uns in letzter Zeit näher gekommen
  sind.
- Es ist schön, dass wir gelernt haben, unseren Gefühlen
  füreinander Ausdruck zu verleihen.
- Ich liebe dich und danke für das, was du für mich getan hast.

Abschiedskonversationen sind für das weiterlebende Kind ebenso wichtig wie für die sterbenden Eltern. Im Lauf der Jahre dürften sich hinreichend Themen angesammelt haben. Die folgenden möglichen Eröffnungen für ein Abschiedsgespräch gehen auf einige dieser Dinge ein:

Für die Eltern

- Es gibt etwas, das ich dich immer fragen und das ich immer wissen wollte. Unsere Zeit geht zu Ende und das ist meine Frage ...
- Es gibt etwas, das ich dir immer sagen wollte ...
- Das wollte ich dir immer über mich erzählen ...

Für das erwachsene Kind

- Was schätzt du an mir?
- Hast du einen Rat für meine Zukunft?
- Wusstest du, dass ich das Gefühl hatte ... ?
- Wenn wir besser miteinander hätten reden können, hätte ich dir gesagt ...
- Es tut mir Leid, wenn ich dich je ...

Und, wenn möglich:

- So habe ich mich damals gefühlt, als du ...
- Ich verzeihe dir, dass du ...

Heute geht man in vielen Fällen dazu über, sich den bevorstehenden Tod der Eltern bewusst vor Augen zu führen, weil dieser Gedanke eine wichtige Funktion erfüllt. Er sorgt dafür, dass alle Beteiligten sagen können, was sie sagen müssen – zu einem Zeitpunkt, wenn es am meisten darauf ankommt: am Ende eines Lebens. Das kann zwar schmerzhaft sein, aber es ist eine ausgezeichnete Vorsorge. Ihr Leben wird nicht durch

Reue heimgesucht werden, wenn Sie jetzt die Dinge sagen können, die Ihr Herz oder Ihre Gedanken beschäftigen.

Meine Patientin Connie war 37, als ihre Mutter starb. Sie hatten eine enge Beziehung gehabt, aber Connie zog mit Ende 20 mit ihrem Mann weg und sie sah ihre Mutter nur noch zwei- oder dreimal im Jahr. Sie telefonierten oft miteinander, aber es war nicht Connie, die die Mutter zuletzt pflegte. Diese Verantwortung übernahmen die beiden Geschwister, die zu Hause geblieben waren.

Connie empfand den Auszug von zu Hause als ihre erste Trennung von Eltern und Familie. Sie beschrieb die Beziehung zu ihren Eltern als eng, aber sie hatte kein Problem damit, ihre eigenen Kinder weit weg von ihnen großzuziehen. Mir kam es immer so vor, als habe sie eine Menge unbewältigter Gefühle und Probleme, besonders mit ihrer Mutter. Das stellte sich als wahr heraus, als ihre Mutter starb und sie mich anrief und um ein paar Therapiesitzungen bat. Connie beklagte sich, dass sie antriebslos und zur gleichen Zeit rastlos und reizbar sei. Ich versicherte ihr, dass das alles Symptome von normaler Trauer seien und dass sie aufgrund ihrer angestauten Gefühle, die mit dem Verlust einhergingen, leicht depressiv sei. Wir sprachen darüber, was sie gegenüber ihrer Mutter empfunden hatte. Es wurde deutlich, dass Connie die Liebe, die sie im Inneren für ihre Mutter empfand, nicht vollkommen leben und ausdrücken konnte. Deshalb fühlte sie sich so schlecht.

Schließlich wurde Connie klar, dass das, was sie am meisten aus dem Gleichgewicht brachte, die Tatsache war, dass sie ihrer Mutter nie gesagt hatte, wie sehr sie sie liebte. Das bereitete ihr eine Menge Kummer und sie weinte viel in den Therapiesitzungen. Ich schlug Connie vor, der toten Mutter einen Brief zu schreiben, so zu tun, als sei sie mit ihr im gleichen Zimmer, oder auch an ihrem Grab mit ihr zu reden. Doch in diesem Moment wäre eine Unterhaltung mit der lebendigen Mutter das Einzige gewesen, was sie beruhigt hätte. Eine solche Unterhaltung war nun aber unmöglich geworden. Ich versuchte ihr verständlich zu machen, dass das Äußern dieser Emotionen ihr dabei helfen würde, mit ihren sehr intensiven Gefühlen umzugehen. Ich hoffe, dass Connie nach und nach wieder Frieden gefunden hat.

Connies Schwester Brenda dagegen hatte in der Nähe der Mutter gewohnt und sie erlebte ihren Tod auf ganz andere, eher friedvolle Weise, was wiederum Connies Reuegefühle nur noch verstärkte. Brenda war für die Pflege der Mutter verantwortlich gewesen und hatte sie jeden Tag gesehen. (Das geschieht oft in Familien: Die Geschwister, die in der Nähe wohnen, müssen auch die Pflege übernehmen, anstatt dass die Verantwortung dafür unter den Kindern zu gleichen Teilen aufgeteilt wird.) Natürlich hatte Brenda viel Zeit gehabt, mit ihrer Mutter über alles zu sprechen: die Kindheit der Mutter, familiäre Werte, Religion, ihren Vater, ihre Großeltern, wie sie begraben werden wollte und in welcher Kleidung man sie beerdigen sollte. Sie sprachen über alle Dinge, um die die Mutter sich Sorgen machte, auch darüber, wie sie das Erbe aufteilen wollte und über ihren Wunsch, alle Kinder nach ihrem Tod glücklich zu wissen.

Vertrautes Abschiednehmen

Das Beispiel von Brenda macht auf einen weiteren positiven Aspekt des Abschiednehmens aufmerksam. Es ist für jedes einzelne Kind wichtig, mit dem sterbenden Vater oder der sterbenden Mutter allein sprechen zu können. In dieser Situation vor dem Tod entsteht Vertrautheit – vielleicht zum ersten Mal in dieser Beziehung. Diese Vertrautheit ist wundervoll für das Kind und kann auch auf bewusste und liebevolle Weise tröstlich sein für die Eltern, die dem Tod gegenüberstehen. Das Gefühl, dass zwischen sich und dem Kind keine offenen Fragen mehr bestehen bleiben, kann den Eltern helfen, am Ende des Lebens Ruhe und Gelassenheit zu finden.

Michel (63) beschrieb den Tod seiner Mutter als würdevoll. Er ist Therapeut und arbeitete beruflich in einer Sterbeklinik. Deshalb hatte er auch keine Probleme damit, einen Menschen im letzten Stadium seines Lebens zu begleiten:

„Bevor Mutter starb, hielten wir uns tagelang bei der Hand und redeten offen über alles, was uns in den Sinn kam. Es war eine wunderbare Erfahrung. Sie weinte, ich weinte, wir lachten und umarmten einander. Natürlich war sie keine perfekte Mutter. Wer ist das schon? Aber das war egal, denn ich wusste, dass sie bald gehen musste, und ich wollte, dass es für uns beide so gut wie möglich würde. Ich hegte keinen Groll und sie hielt nichts zurück. Sie sagte, dass sie sich schlecht fühle, weil sie sich davonmachte, und ich versicherte ihr, dass ich mich nicht verlassen fühlte. Sie war krank und sie musste sterben. Ich war traurig, aber ich wollte auch nicht, dass sie noch länger leiden musste. Jetzt ist sie schon ein Jahr tot und ich erinnere mich noch ganz genau an diese letzte Unterhaltung und bin dankbar, dass wir das Glück hatten, sie zu führen. Ich wäre sonst vielleicht mit einem schrecklichen Gefühl zurückgeblieben. Das hätte mein Leben ruinieren können."

Die Chance, vor dem Tod der Eltern mit schmerzhaften Fragen abzuschließen, ist sehr hilfreich. Wenn Ihre Eltern bereits gestorben sind, ist dieser Abschnitt weniger relevant für Sie. Doch wenn sie jemanden kennen, dessen Eltern noch nicht gestorben sind, möchten Sie vielleicht einige dieser Ratschläge weitergeben.

„Dies über alles: Sei dir selber treu"

Shakespeares Ermahnung ist für den Lebensweg der erwachsenen Waise außerordentlich wichtig, denn sie ist der Stern, der
ihm nun die Richtung weist. Er wird auch Sie sicher auf einen
Weg führen, der vertraut und abenteuerlich zugleich ist. Nun, da
Ihre Eltern und die Welt der Eltern nicht mehr existieren, ist es
das Leuchten Ihres eigenen inneren Lichtes, Ihr eigener Kern,
Ihre innerstes Wesen, auf das Sie zurückgreifen müssen. Dieser
innere Kern, Ihr Selbst, ist Ihnen vertraut. Die meisten Menschen
stehen ihr ganzes Leben lang in Kontakt mit dem, was man das
„innere Ich" nennt. Doch das Ich innerhalb eines Familiensys-
tems und das Ich außerhalb eines solchen Systems sind verschiedene Dinge, und das wird spätestens dann offensichtlich, wenn
Sie in einer Position wie der jetzigen sind – ohne Eltern.

Sie haben viele Jahre lang als das Kind Ihrer Eltern gelebt
und sie teilten eine Welt mit Ihnen. Dieses gemeinsame
Umfeld hat den ersten Satz jener Symphonie geschrieben, die
Sie Ihr Leben nennen. Denken Sie an die Unmenge von
Informationen, die Sie in der gemeinsamen Zeit mit den
Eltern aufgenommen haben, beginnend in der Kindheit bis
hin zu ihrem Tod. Wie könnte man die Wirkung von all dem
klein reden?

Für Sie bricht jetzt die Zeit an, in der Sie neu leben müssen,
auf eine neue Art und Weise, die aufregend, lohnend und
erfüllend sein kann. Lassen Sie sich auf die Trauerarbeit ein und
werden Sie als ein neues Ich wiedergeboren. Es ist Zeit für den
zweiten Satz in der Sinfonie Ihres Lebens. Werden Sie der
Dirigent, der all Ihre wundervollen Facetten aufleben lässt.
Lernen Sie sich selbst ganz neu kennen. Finden Sie etwas Neues
über sich heraus und beginnen Sie, dieses neue Ich zu lieben!

Gewinnen Sie Ihr wahres Ich zurück

Es obliegt dem Menschen, aus sich selbst das zu machen,
was er werden soll, um sein Schicksal zu erfüllen.

PAUL TILLICH

Wenn Sie die Notwendigkeit des Trauerns akzeptiert haben, können Sie damit beginnen, sich mit Ihrem Verlust auseinander zu setzen. Es besteht natürlich auch die Möglichkeit, der Trauer aus dem Weg zu gehen – allerdings ist dieser Weg nicht sehr empfehlenswert. Wenn Sie Ihre Gefühle zulassen, wird sich das sofort positiv auswirken, weil es Ihre Persönlichkeit stärkt, mit sich selbst auf das Innigste verbunden zu sein. Trauern ist harte Arbeit – aber es zahlt sich aus.

Indem Sie trauern, wenden Sie sich dem Unerwarteten zu. Das bedeutet eine natürliche Verschiebung vom Rationalen zum Kreativen, weil Sie loslassen und sich dem Neuen öffnen. Eine Patientin erzählte mir beispielsweise: „Ich weiß nicht, wie lange es immer wieder vorkam, dass ich im Auto weinte oder plötzlich aufschluchzte, wenn ich jemanden sah, der meinem Vater ähnelte. Ich war selbst erstaunt über die Stärke meiner Gefühle bei seinem Tod und auch darüber, wie sehr meine täglichen Verpflichtungen in den Hintergrund traten vor dem Wunsch, ungestört zu trauern."

Unmittelbar nach dem Verlust ist man zunächst geschockt und emotional aufgewühlt, danach beginnt eine metaphorische Suche nach dem verlorenen Elternteil. Auch wenn Sie im ersten Moment versucht sind, starke Emotionen wie Traurigkeit und Schmerz von sich wegzuschieben, ist es weitaus positiver, sich diesen zu öffnen. Es folgen Chaos und Orientierungslosigkeit. Dabei müssen Sie Geduld beweisen – es wird nicht ewig dauern. In dieser Zeit werden verschiedene Gefühle, Vorstellungen und Bilder über die verstorbene Person und Ihre Beziehung zueinander an die Oberfläche kommen.

Der Wunsch, diese Erfahrung zu kontrollieren, tritt in den Hintergrund, wenn Sie es zulassen, sich dem Strom der Gedanken hinzugeben. Wenn sie bereit sind, Ihr Potenzial für Veränderung und Kreativität zu nutzen, dann erreichen Sie die nächste Stufe des Trauerns: Sie können Ihr Leben neu organisieren. Wenn diese Neuorganisation Realität wird, werden Sie sich bereits geändert haben und eher bereit sein, etwas über sich zu erfahren.

Als ich vor einigen Jahren begann, die Auswirkungen des Todes der Eltern auf erwachsene Kinder zu erforschen, war ich überrascht. Zunächst einmal gab es kaum genaue Informationen. Zweitens waren die Informationen, die es gab, durch Voreingenommenheit geprägt. Die zu dieser Zeit vorherrschende Meinung spielte die Auswirkungen des Todes der Eltern herunter, weil man ihn für ein normales und unausweichliches Lebensereignis hielt. Man neigte dazu, den Erwachsenen nahe zu legen, sie sollten einfach darüber hinwegkommen und ihr normales Leben wieder aufnehmen, so als ob dieses einschneidende Ereignis sie nicht weiter berühre.

Glücklicherweise haben sich die Zeiten geändert und der Tod der Eltern wird heute als ein wichtiges Schwellenerlebnis akzeptiert, das das Ende der Kindheit und den Übergang zum völligen Erwachsenwerden markiert. Der Verlust, den Sie erleiden, wird aufgewogen durch Ihr persönliches Wachstum und die Verwirklichung der dem Verlust innewohnenden Möglichkeiten.

Es hat viele Vorteile, bewusst zu trauern. Hier sind einige der wichtigsten aufgelistet:

• Die Anpassung an den Verlust macht Sie stärker und vollständiger.
• Es ist schwer, den Schmerz zu ertragen, aber es wird Ihre Kenntnis von sich selbst erweitern.
• Das Akzeptieren Ihrer kreativen Impulse motiviert Sie zum Weitermachen.
• Verlust und Trauer können positive Katalysatoren für eine Veränderung sein.
• Dass Sie sich notwendigerweise auf sich selbst konzentrieren, wird Ihnen dabei helfen, die neu gesteckten Ziele zu erreichen.

Wissenschaftliche Untersuchungen legen den Schluss nahe, dass das Trauern um die Eltern in einem neuen Licht gesehen werden muss – einem Licht, das die von mir angesprochenen Punkte mit berücksichtigt.[10] Es ist möglich, dass das letzte Stadium des Trauerns – üblicherweise „Erholung" genannt – einer Lebensperiode entspricht, die weitaus länger dauert als man früher annahm, vielleicht sogar bis zum Ende des eigenen Lebens.

Diese Erholung ist eine dynamische Periode des Wandels. Sie wird charakterisiert durch den neuen Sinn, den Sie Ihrem Leben geben, durch neue persönliche Ziele, durch zurückgewonnene Aspekte Ihrer Persönlichkeit, durch ein neues Selbstkonzept. Die Herausforderung besteht darin, sich den Gefühlen der Trauer auszusetzen, bis diese Gefühle sich auf natürliche Weise in etwas Nützliches und Inspirierendes verwandelt haben. Ich möchte, dass Sie den Verlust der Eltern auf eine neue Art sehen und seinen Sinn begreifen. Es wird Sie dazu bringen, sich den Möglichkeiten zu öffnen, die für Sie bereitstehen.

Obwohl der Trauerprozess von entscheidender Bedeutung ist, ist dies kein Buch über die Trauer. Es ist ein Buch darüber, wohin das Trauern uns führen kann. Es ist ein Buch über das Leben – und ganz besonders über die Erneuerung des Lebens, die Sie erleben können, wenn Ihre Trauer schließlich in neue Anfänge und persönliche Entdeckungen mündet.

Das Ziel ist Verwandlung, resultierend aus:

• Selbstbeobachtung,
• der Motivation, das Leben nach einem Verlust wieder zu genießen,
• der Absicht, ohne Eltern zurechtzukommen und die Erfahrung des Verlustes als Gewinn zu betrachten,
• der Ehrung der verstorbenen Mutter/des verstorbenen Vaters.

Das unerforschte Ich

Welcher Teil von Ihnen ist es, der zurückgeholt oder entdeckt wird? Ist er Ihnen vielleicht bereits vertraut? Handelt es sich um einen Teil Ihrer Person von dem Sie wussten, aber den Sie aufgrund von Tradition, Moral, Wertvorstellungen, Erziehung, Unsicherheit, Angst, fehlendem Engagement, Selbstzweifeln oder Mangel an Unterstützung verborgen hielten? Oder war dieser Teil Ihres Ich vage, unscharf, unklar, formlos? Vielleicht war es für Sie auch ungewohnt oder nicht ganz geheuer, zu viel über sich selbst nachzudenken und sich mit sich selbst zu beschäftigen, weil „man das nicht tut".

Die Facetten Ihres Ichs, die Sie zurückerobern, können aus jedem der voranstehenden Gründe brachgelegen haben. Der Verlust der Eltern erlaubt es Ihnen, diese Teile wieder zu entdecken. Sie sind nun wieder verfügbar und Sie können durch tiefe Konzentration, Meditation oder Selbstbefragung Verbindung mit ihnen aufnehmen. Stellen Sie sich zum Beispiel vor, Sie seien ganz ruhig und gelöst. Lassen Sie einen Teil Ihres Wesens oder eine Verhaltensweise an die Oberfläche kommen, die Sie noch nie zuvor zugelassen haben.

Michael, 30

„Als mein Vater starb, tat ich, was die Indianer an wichtigen Punkten ihres Lebens tun, sie gehen ins Schwitzhaus und treten mit sich selbst in Kontakt. Ich musste allein sein und über mich selbst nachdenken und darüber, wie ich mich nach dem Tod meines Vaters fühlte. Wie würde ich mich ändern, fragte ich mich. Was würde von nun an für mich anders sein?"

Das Ich explodiert

Einige Menschen beschreiben das, was nach dem Tod der Eltern mit ihnen geschah, als eine Explosion der Gefühle. Diese Menschen fühlten alles! Sie fühlten Tumult, Aufregung, Heiterkeit und unendliche Möglichkeiten – zusätzlich zu den Gefühlen von Trauer und Verlust.

Linda, 50

„Es kamen endlos viele Ichs zum Vorschein: Ein Ich, das reisen wollte; ein Ich, das singen wollte; ein Ich, das schreien wollte, wenn ich zornig war; ein Ich, das noch Kinder adoptieren wollte; ein Ich, das sich intensiver und mit mehr Leidenschaft den Kindern widmen wollte, die ich bereits hatte. Wo war ich mein ganzes Leben lang gewesen? Warum war ich noch nie zuvor zum Vorschein gekommen?"

Zuerst ändert sich das Selbstverständnis, dann die Art, wie sich die eigene Persönlichkeit darstellt, schließlich führt beides zu einer Selbstverwirklichung.

Was Sie finden können, sind Ihr eigenes, wahres Ich und die Art, wie es sich ausdrücken möchte. Ihr wahres Ich existiert seit Ihrer Geburt und es lebt tief in Ihrem Inneren, in Ihrem Zentrum. Es ist Ihre Essenz und es enthält Ihre Persönlichkeit, Ihre Natur, Ihre Ziele, Ihren Zweck und Ihre Talente. Unter der Oberfläche dessen, was Sie für Ihr einziges Ich hielten, liegt noch „viel mehr Ich", das voller Einsicht und Wissen darüber ist, wer Sie wirklich sind. Dieses Ich explodiert, wenn Sie Waise werden, und in ihm steckt das, was von Ihnen verborgen war – das, was Sie selbst verbargen, das, was Sie nicht über sich wussten und das, wovor Sie Angst hatten.

Psychologen nennen es das „wahre Ich" oder das „authentische Ich" und es wartet darauf, entdeckt zu werden. Sicherlich können Sie sich an Gelegenheiten erinnern, bei denen Aspekte Ihres wahren Ichs sichtbar wurden, aber bei anderen keine große Begeisterung hervorriefen. Wenn es Ihre Eltern waren, die das, was Sie taten, nicht sehr enthusiastisch begrüßten, haben Sie vielleicht angefangen, diesen Aspekt zu unterdrücken. „Ich erinnere mich, wie ich für meine Eltern tanzte und sie haben weder gelacht noch gelächelt, und da hörte ich einfach auf." (Michelle, 40)

Ihr wahres Ich umfasst auch all das, was an Ihnen künstlerisch oder kreativ ist. Dieses Ich definiert, präsentiert und enthüllt Ihre Identität – und es lohnt sich, ihm zuzuhören. Unabhängig davon, ob Ihre kreative Seite Worte benutzen, malen, tanzen, schauspielern, schreiben oder aufführen will, sie verdient es, dass Sie Notiz von ihr nehmen. Wenn Sie Ihrer kreativen Seite bislang widerstanden haben, lassen Sie sie jetzt heraus!

Individualität in der Kindheit

Sie wurden in ein bestehendes System hineingeboren, das man Ihre Familie nennt. Um in diesem Familiensystem zu funktionieren, haben Sie möglicherweise, um sich anzupassen, einen

Teil Ihrer individuellen Natur aufgegeben. Es kann auch sein, dass die Verhaltensregeln und die Regeln für das Äußern von Gefühlen einen Einfluss darauf hatten, wie sehr Sie sich in sich selbst zu Hause fühlten. In einigen Familien wird Zorn nicht geduldet, in anderen sind es Gespräche über das Thema Sexualität. Damit Ihre Familie funktionieren konnte, mussten Sie sich vermutlich an das anpassen, was für akzeptabel gehalten wurde, und das unterdrücken, was außerhalb dieser Grenze lag. Hätten Sie sich nicht darum gekümmert, was als akzeptabel oder „brav" angesehen war, wäre Ihr Verhalten von Eltern oder Geschwistern vielleicht als aufsässig oder ungezogen gemaßregelt worden.

Hatten Sie das Gefühl, dass Sie in Ihrer Familie Sie selbst sein konnten? In welchem Maß? Hatten Sie das Gefühl, dass Sie als Sie selbst akzeptiert wurden und Wertschätzung genossen? Unterstützten Ihre Eltern Sie, so wie Sie waren, ohne Rücksicht auf ihre eigenen Gefühle? Haben Sie sich Ihre Freunde und Ihren Beruf nach eigenem Gutdünken gesucht? Haben Sie Hobbys gesucht und gefunden, die Ihrem wahren Ich entsprachen?

Wie würden Sie Ihren Erfolg als Individuum zu Lebzeiten Ihrer Eltern beschreiben? Was hat sich geändert seit ihrem Tod? Wie würden Sie die Rolle Ihrer Eltern dabei beschreiben, Ihnen zu folgenden Eigenschaften zu verhelfen:

- Unabhängigkeit?
- Fähigkeit zur Selbstmotivation und zur Gestaltung des eigenen Lebensweges?
- Authentizität?
- Autonomie?
- Selbstsicherheit?
- Kultiviertheit?
- Kraft zur Selbstverwirklichung?
- deutliches Ichbewusstsein?
- Einfallsreichtum?
- Fähigkeit, sich aus sich selbst heraus zu steuern?

Wurden sie ermutigt, Ihr Leben auszuloten, indem Sie eigene Entscheidungen trafen, sich eigene Ziele setzten, Ihren wahren Gefühlen, Gedanken und Ideen Ausdruck verliehen und um das zu werden, was Sie werden wollten? Unterstützten die Eltern Ihre Unabhängigkeit oder wurden Sie trotz des Widerstandes Ihrer Eltern unabhängig?

Wurden Ihre Ziele und Talente von Eltern und Familie akzeptiert, geschätzt und unterstützt?

Ermutigte man Sie:

- sich anzupassen?
- konform zu sein?
- wie die Eltern zu sein?
- zu tun, was die Eltern sagten?
- in ihre Fußstapfen zu treten?
- auf Familientraditionen Rücksicht zu nehmen?
- in der Familie zu bleiben?
- nicht die Grenzen dessen zu überschreiten, was die Familie erwartete?
- Wurden Ihre Ziele zu den Zielen der Familie oder wurden die Ziele der Familie zu Ihren Zielen?

Sagten Ihre Eltern jemals zu Ihnen:

- Tue was immer dich glücklich macht.
- Suche individuelle Freiheit.
- Sei du selbst!
- Mache nicht, was ich sage – mache, was du willst.
- Mache es uns beiden recht, aber zuerst mache es dir selbst recht.

Oder sagten Ihre Eltern:

- In unserer Familie machen wir ...
- Wir erwarten, dass du ...
- Du schaffst es nie, ...
- Wenn du nur auf uns hören würdest und ...
- Du glaubst zu wissen, was für dich richtig ist, aber wir wissen es besser. Wir sind älter, erfahrener usw.
- Du bist nicht gut genug, um ...

Ihre Eltern könnten eine Belastung gewesen sein, weil sie:

- unaufmerksam waren.
- Sie nicht unterstützten.
- kein Vorbild waren.
- Sie kritisierten.
- keine Begeisterung für Ihr Talent zeigten.
- praktisch dachten.
- Erwartungen hatten.
- ein beschränktes Weltbild hatten.
- Ihr Potenzial ablehnten.
- neidisch oder eifersüchtig waren.
- überfürsorglich waren.
- eines Ihrer Geschwister vorzogen.
- andere Familienmitglieder vorzogen.
- Sie nicht förderten.

Taten sie dennoch, was Sie wollten? Viele haben das getan. Sie haben das Gefühl, dass sie immer getan haben, was sie wollten – auch ohne dass Ihre individuelle Entscheidung von den Eltern respektiert wurde.

Maria, 60

Maria ist Krankenschwester. Ihr ganzes Leben lang war Sie entschlossen, im Medizinsektor zu arbeiten. Eigentlich wollte sie Ärztin werden. Doch ihr Vater sagte ihr, sie solle einfach heiraten und Kinder bekommen. Jahrelang war sie verbittert über den Mangel an Unterstützung für ihre Berufspläne. Sie wollte mehr vom Leben als heiraten und Kinder bekommen. Sie hatte Ziele und den Ehrgeiz, etwas zu erreichen.

Es war schwer für Maria, ihre eigene Ausbildung zu finanzieren. Der Vater weigerte sich zu helfen. Sie hatte mehrere Jobs und brauchte ziemlich lange, um ihren Abschluss zu bekommen, aber sie erreichte ihr Ziel.

Doch ihr Vater half ihr auf diesem Weg in keinster Weise – weder emotional noch finanziell. Als ihre Brüder den Wunsch äußerten, aufs College und auf die Universität zu gehen, war der Vater erfreut und unterstützte sie nach Kräften. Wenn Maria die Stimme erhob, war der Vater stumm. Keine Hilfe, keine Unterstützung, keine Schule. Maria machte ihren Highschool-Abschluss und verdiente ihr eigenes Geld. Sie ging nie aufs College und wurde nie Ärztin. Sie belegte Abendkurse wann immer sie konnte und wurde schließlich Krankenschwester. „Mein Vater hat mich nie unterstützt und das werde ich ihm immer vorwerfen", sagte sie.

Mike, 30

„Mein Vater nahm nie etwas ernst, was ich mir vornahm. Jedes Mal, wenn ich mit einer Idee zu ihm kam, sagte er: ‚Erwarte nicht zu viel von dir. Such dir einfach einen Job und verdiene Geld.' Trotzdem wurde ich ziemlich erfolgreich und meine Karriere schien ihn zu überraschen. Er konnte einfach nie akzeptieren, dass sein Sohn etwas Großes aus sich machen würde. Nachdem ich es geschafft hatte, gab er vor seinen Freunden damit an, dass ich Geld hatte. Was ich aber ganz sicher nicht hatte, war seine Unterstützung, als ich sie brauchte. Und er nannte sich mein Vater! Was ist das für ein Vater, der dir bei jeder Gelegenheit Knüppel zwischen die Beine wirft?"

Joe, 40

Joe hat sich mit 40 immer noch nicht selbst gefunden. Er beschreibt, wie er sich in seiner Familie immer missverstanden fühlte: „Ich war immer der Außenseiter, ich war meinem Vater zu sensibel, ich war nicht so geschickt wie mein Bruder und ich war nicht so intelligent wie meine Schwester. Ich versuchte, den Eltern meine Frustration mitzuteilen, aber es schien niemanden zu interessieren. Nach der Highschool zog ich aus und hing jahrelang rum. Als meine Eltern starben, verspürte ich einerseits Erleichterung, dass unser Konflikt nun beendet war; andererseits fühlte ich mich schuldig, weil ich ihnen nicht näher gestanden hatte. Ich hatte Angst, dass ich kein Geld mehr haben würde, auf das ich zurückgreifen könnte, ich hatte Mitleid mit meinen Geschwistern, die wirklich trauerten. Ich war frei, mir andere Menschen zu suchen, mit denen ich eine Beziehung aufbauen konnte, und ich war entschlossen, einen Job zu finden, der mir Spaß machen würde."

Das Geburts-Ich

Ihr Geburts-Ich ist die natürliche Essenz dessen, wer Sie sind. Es ist Teil Ihres angeborenen Wesens. Eltern können vom Moment der Geburt an eindeutige Anzeichen für die Individualität eines Kindes erkennen. Diese zeigt sich in den natürlichen Fähigkeiten, Talenten, in Temperament, Persönlichkeit, Vorlieben, Abneigungen, Stimmungen, Wünschen und Bedürfnissen. Durch Eltern, Familie, Gesellschaft und Kultur werden Sie angeleitet und geformt. Solange Ihre Eltern am

Leben waren, waren Sie wahrscheinlich bemüht, eine Balance zu finden zwischen dem Wunsch, sich selbst gerecht zu werden, und dem Wunsch, es den Eltern recht zu machen. Wie viel von Ihrem Geburts-Ich blieb bei diesem Versuch auf der Strecke?

Einige von Ihnen werden zugeben, dass sie mehr sie selbst hätten sein können. Damit meine ich, dass Sie in Ihrem Leben davon profitiert hätten, wären Sie besser in der Lage gewesen, die Qualitäten, Fähigkeiten und Charakterzüge auszuleben, die wirklich Ihre eigenen waren. Ihre Fähigkeit, diese Aspekte Ihrer Persönlichkeit auszudrücken, wäre besser ausgebildet, wenn Sie mehr Unabhängigkeit und Freiheit genossen hätten. Jetzt wartet auf Sie ein Leben ohne elterlichen Einfluss und ohne die Notwendigkeit, sich in ein Familiensystem einzupassen. Sie können mit der Suche nach Ihrem Geburts-Ich beginnen, dieses Ich gehört gänzlich Ihnen und ist frei vom Einfluss Ihrer Eltern. Sie können dann für sich selbst herausfinden, ob dieses Ich sich schon in der Welt selbstverwirklicht hat oder nicht.

Im mittleren Alter

Trotz der Wirrungen des Jugendalters entwickelte sich jeder von Ihnen, reifte heran und wurde als Erwachsener erfolgreich. Sie wurden zu jungen Erwachsenen und erreichten schließlich das mittlere Alter. Eine Frage, die sich jedem Menschen im mittleren Alter stellt, ist, wie man sein Selbstbild festigt, während man die tiefsten Wahrheiten seiner Natur beleuchtet.

Nach C.G. Jung geht es im mittleren Alter ohnehin darum, das eigene Leben neu zu bewerten.[11] Werte und Ideale ändern sich, während die unausweichliche Tatsache des Alterns offenbar wird. Ihr Körper verändert sich. Sexual- und Aggressionstrieb werden schwächer und Sie fangen an, über existenzielle Werte nachzudenken. Sie fragen sich, was jetzt wichtig ist. Sie gehören nun zur Sandwich-Generation, umsorgen die vorangegangene und die nachfolgende Generation. „Ich selbst zu sein" wird dabei oft als weniger wichtig eingestuft als das Wahrnehmen der eigenen Pflichten.

Wenn Sie im mittleren Alter Ihre Eltern verlieren, dann heißt das, dass die Eltern für Sie da waren, als Sie selbst Kinder bekamen. Das Geschenk, Großeltern und eine große Familie zu haben, ist einige Opfer wert, zumindest eine Zeit lang, wenn es nötig ist. Wenn Ihre Eltern gestorben sind, kann man das nicht mehr zurückholen.

Es hat lange gedauert, bis man die Auswirkungen des Elternverlustes im mittleren Alter zu untersuchen begann. Das liegt zumindest teilweise an der Vorstellung, dass dieses Ereignis zu erwarten ist und dass es eben in der Regel dann eintritt, wenn das Kind selbst im mittleren Alter ist. In diesem Lebensabschnitt gibt es so viele andere Dinge, die unsere Aufmerksamkeit beanspruchen, dass der Tod der Eltern, die relativ alt sind und nicht im Mittelpunkt unseres täglichen Lebens stehen, kein größeres Problem darstellen sollte. Nichts könnte aber weiter von der Realität entfernt sein als diese Annahme.

Der Tod der Eltern unterscheidet sich von jedem anderen Verlust

Die bahnbrechende Studie von C.M. Parkes erforschte die Trauer zum ersten Mal aus humanistischer Sicht. Sie wurde zur Grundlage weiterer Studien über Witwen.[12] Trauer wurde nicht länger unterbewertet. Die Intensität des Schmerzes und die Trauer wurden anerkannt. Obwohl das hieraus resultierende Modell eines Trauerprozesses ursprünglich für Menschen entwickelt wurde, die ihre Ehepartner verloren hatten, wurde es bald verallgemeinert und für den Verlust aller nahe stehenden Menschen einschließlich der Eltern angewandt – obwohl deren Tod für die meisten Kinder unausweichlich ist.

Diese Herangehensweise räumt der Trauer einen Platz ein, sie akzeptiert und achtet die Trauergefühle. War Trauer traditionell etwas, über das man möglichst schnell hinwegkommen musste, so trat nun die Erkenntnis in der Vordergrund, dass Trauer und Verlust ernst zu nehmende Probleme seien. Damit konnte man sich den emotionalen Problemen zuwenden, mit denen die Überlebenden nach dem Todesfall zu kämpfen haben. Dazu gehören Weinen, Angst, Schlaflosigkeit, Unruhe, der Wunsch, dem Verstorbenen nachzufolgen und die Unsicherheit, ob man in der Lage sein wird, zu einem normalen Leben zurückzukehren.

Verwaiste Erwachsene haben das tiefe Bedürfnis, dass ihr Umfeld die Tragweite und Bedeutung des Verlustes anerkennt und beachtet. Diese Anerkennung und die daraus resultierende Unterstützung sind eine Möglichkeit, dem verstorbenen Elternteil Respekt und Ehre zu erweisen. Außerdem verändern sich oft die Hierarchien in den Familien, weil erwachsene Kinder nach dem Todesfall mehr Anteil haben an der Pflege der Witwe, des Witwers oder jüngerer Kinder. Viele Menschen sprechen auch von einem Bedürfnis nach engeren Familienbindungen.

Emma, 45

„Ich stellte fest, dass ich eine wirkliche Tante für meine Nichte wurde. Sie hatte ein hartes Leben gehabt und ihre Mutter, meine Schwester, verloren. Das alles geschah kurz bevor auch noch ihr Großvater, mein Vater, starb. Ich glaube, wir haben vorher nur ganz selten einmal telefoniert, jetzt reden wir fast jede Woche miteinander und ich glaube, es hat uns beiden geholfen."

Wir alle wissen aus Erfahrung, dass das Risiko einer engen Beziehung darin besteht, diese Beziehung zu verlieren, wenn der Partner geht oder wir gehen. Doch mit den Eltern ist die Situation eine andere. Als Sie erwachsen wurden, hieß Trennung von den Eltern, dass Sie physisch und emotional zu Hause auszogen. In der Familie wurde dies als positiver Schritt gewertet. Doch auch wenn wir erwachsen sind und selbstständig leben, sind wir immer noch die Kinder unserer Eltern und haben eine Beziehung zu ihnen, ob diese nun positiv, kompliziert oder schwierig ist. „Es ist wichtig, dass wir irgendwann im Leben Verlust und Trennung erfahren und damit fertig werden."[13]

Es liegt auf der Hand, dass eine Trennung durch Tod uns trauern und leiden lässt – gleichgültig, wie kompliziert und konfliktbeladen die Beziehung zu den Eltern war. Kein einziger der Menschen, die ich interviewte, war gegen die Erfahrung von Trauer und Verlust immun. Auch wenn der Eintritt ins Erwachsenenalter als wichtiger Schritt angesehen wird: Es ist der Tod der Eltern in seiner Endgültigkeit, der dem verwaisten Erwachsenen erklärt: „Du bist jetzt auf dich allein gestellt." So sind es zuerst Schock, Traurigkeit und Verwirrung, die den trauernden Erwachsenen beschäftigen. Doch schließlich setzt sich das menschliche Bedürfnis durch, die Kraft des Lebens an die Stelle des Verlustes zu setzen.

Wer die eigene Trauer zulässt, wird sich automatisch auch wieder seiner Kreativität, Lebenskraft und dem Impuls, erfüllt leben zu wollen, zuwenden. Das unausweichliche Näherrücken des eigenen Todes fordert Sie auf, ein neues Ich zu konstruieren. „Der Tod der Eltern zwingt ein Kind nicht nur dazu, dem Tod ins Gesicht zu sehen, sondern auch zu seinem genauen Gegenteil: Leben und persönliches Wachstum. Man wünscht sich Autonomie, die einem tiefen Verständnis für die eigene Identität entspringt."[14]

Bei meinen Forschungen konnte ich feststellen, dass zum Zeitpunkt des Todes der Eltern niemand emotional bereit ist loszulassen. Wir können unser Vorstellungsvermögen strapazieren so sehr wir wollen, es gibt keine Möglichkeit vorauszusa-

gen, wie sich der Verlust anfühlt, bevor er Realität wird. Diese
Ergebnisse stimmen mit den Befunden von Weiss, Bowlby und
Parks[15] überein. Wenn der Trauerprozess beginnt, ist es wichtig, sich daran zu erinnern, dass man nicht allein ist. Viele
meiner Patienten betonten, dass das Teilen der Trauer mit
anderen Familienmitgliedern ihnen half, mit den Lebenden in
Kontakt zu bleiben, während sie um die Toten trauerten. Sie
sollten wissen, dass Sie das Recht haben:

- so viel Unterstützung zu suchen wie Sie für nötig halten und
- sich selbst genügend Zeit zum Trauern zu geben.

Je enger die Beziehung zwischen Ihnen und Ihren Eltern war,
desto größer ist die Bindung und desto größer ist auch der
Verlust, den Sie empfinden. Einfach gesagt, wenn Ihre Eltern
während Ihrer Kindheit und Jugend in eher traditioneller
Weise für Ihre physischen Bedürfnisse sorgten, werden Sie für
diese Art von Fürsorge im mittleren Alter wenig Bedarf haben.
Wenn Sie jedoch eine tiefere intellektuelle Beziehung mit
Ihren Eltern unterhielten, dann hat sich das möglicherweise
bis in Ihr jetziges Alter fortgesetzt. „Dieses Band ist ein
dynamisches bio-soziales Band, das das ganze Leben hindurch
Bestand hat." [16]

Natürlich kann jemand, der sehr eigenständig lebt, die
Verbindung mit den Eltern auch nach deren Tod respektieren,
ohne dabei die eigene Entwicklung in Frage zu stellen. Auch
muss dieses Band kein Hindernis sein, das uns an die Vergangenheit kettet. Es ist vielmehr Teil der menschlichen Natur
und muss Vergangenheit und Zukunft zusammenführen, sonst
ist eine Weiterentwicklung unmöglich.

Ein wichtiger Unterschied zwischen dem Verlust der Eltern
und dem Tod anderer nahe stehender Menschen ist die Tatsache, dass wir im Fall unserer Eltern erwarten und akzeptieren,
dass sie vor uns sterben. Hinzu kommt das moderne Phänomen
von Scheidungsraten, die um die 50 Prozent liegen. Wenn es

Probleme in der Ehe gibt, sind es oft die Eltern, die ihre verheirateten, erwachsenen Kinder emotional oder finanziell unterstützen. Auch diese Unterstützung kann fehlen, wenn ein Elternteil, dem wir eng verbunden waren, stirbt.

Die Menschen, die ich interviewte, zeigten – je nach Intensität ihrer familiären Bindungen – unterschiedliche Reaktionen auf den Tod der Eltern. Je näher sich die Familienmitglieder stehen, um so schmerzlicher wird der Verlust empfunden. Auch kulturelle Traditionen und religiöse Überzeugungen können familiäre Bande intensivieren und Bindungen vertiefen – und damit auch den Verlust. Allerdings wird Ihnen in starken und intakten Familienverbänden auch das Trauern leichter gemacht. Wenn Sie und die verstorbenen Eltern finanziell sorgenfrei gelebt haben, werden Sie sich nicht um praktische Dinge sorgen müssen, während Sie trauern und sich der neuen Situation anpassen.

Louise (53) drückte es einfacher aus, als sie mir mit einem spöttischen Lächeln erzählte: „Ich hatte immer diese blöde wechselhafte Beziehung zu meinem Vater – mal gut, dann wieder schlecht und so weiter. Vor seinem Tod war er behindert und ein paar Jahre bettlägerig, also hatte ich die Zeit und die emotionale Distanz, um mich vorzubereiten. Das dachte ich zumindest. Voll daneben. Ich war echt erstaunt darüber, wie nahe mir der Verlust ging. Das war mir einigermaßen unangenehm, ich hatte doch vor meinen Freundinnen ach so beherrscht wirken wollen. Obwohl ich den Verlust immer noch spüre, rede ich nicht viel darüber."

Während sie daran arbeitete, ihre Gefühle in Worte zu fassen, sagte sie weiter: „Ich habe gemerkt, dass es keine Vorbereitung auf den Tod gibt. Und es ist die Endgültigkeit, die mich am meisten überwältigt hat. Er ist weg und ich muss es glauben, aber es ist immer noch unglaublich. Es ist so, als ob man plötzlich entdeckt, dass die Erde eben doch flach ist, weil man über den Rand fällt."

Integrieren Sie Ihren Verlust

Der Tod Ihrer Eltern konfrontiert Sie mit der Sterblichkeit jedes Menschen. Wie gehen Sie damit um? Hier sind einige wichtige Meilensteine auf diesem emotionalen Weg:

- Zunächst scheint das Band zu den Eltern durchtrennt zu sein.
- Sie blicken auf Ihr bisheriges Leben zurück, wobei Sie das Bild des/der Verstorbenen vor Augen haben.
- Sie versuchen, das Wesen des/der Verstorbenen einzufangen.
- Sie rufen sich Erinnerungen und Ereignisse der Vergangenheit ins Gedächtnis zurück.
- Enttäuschungen, Frustrationen und Schuldgefühle kommen hoch.
- Sie verlieren Ihren Ursprung.
- Es kann sein, dass Sie mehr bei den negativen Aspekten Ihrer Erinnerungen an die Eltern verweilen.
- Letztlich passen Sie sich an die Situation an, indem Sie Fragen beantworten wie: „Wurde ich geliebt?", „Wurde ich verstanden?", „War ich ein gutes Kind?", „Haben sie mich je richtig angenommen?"
- Sie beginnen, sich als Waise zu fühlen, und Sie entwickeln Stärke und Mut.
- Sie haben sich dem Tod der Eltern gestellt und ihn überlebt.

Neue Studien bestätigen, dass nach dem Tod der Eltern ein Wandel in der Selbstwahrnehmung wahrscheinlich ist. „Der Tod ist für das erwachsene Kind sowohl ein Verlust als auch ein Übergangsstadium auf dem Lebensweg, ganz besonders gilt das für die Auswirkungen des elterlichen Todes auf Selbstwahrnehmung, Selbstkontinuität und Wohlbefinden."[17] Die Mehrheit der von mir Interviewten berichtete, dass sie die eigene Reife nun anders beurteile. In vielen Fällen wurden die

Prioritäten und Karriereziele überdacht und revidiert. Es muss wohl nicht hinzugefügt werden, dass jeder meiner Interviewpartner eine veränderte Wahrnehmung der eigenen Sterblichkeit feststellte. Wenn man im mittleren Alter einen Elternteil oder beide Eltern verliert, ist es auch wichtig festzustellen, dass sich dieser Verlust zu den übrigen Problemen dieses Altersabschnitts addiert – wie etwa zu dem Versuch, persönliche Autonomie und Freiheit einerseits und Verantwortlichkeit andererseits in Einklang zu bringen. Viele Menschen haben mir berichtet, dass der Verlust der Eltern ihnen half, solche Midlife-Probleme schneller und gründlicher zu lösen. Generell war die Einschätzung, dass der Verlust der Eltern dazu beigetragen hatte, einen höheren Grad des Selbstvertrauens zu erreichen und dabei genauso verantwortungsbewusst zu bleiben oder noch verantwortungsbewusster als vorher zu werden. Meine eigenen Erkenntnisse werden bestätigt durch die Arbeit von Andrew Scharlach und Karen Fredriksen, die 83 Erwachsene zwischen 35 und 60 interviewten, die innerhalb der letzten fünf Jahre einen Elternteil verloren hatten. Ganze 60 Prozent der Befragten berichteten, dass sie noch emotionale Reaktionen auf diesen Verlust zeigten und 44 Prozent litten noch immer unter körperlichen Symptomen.[18] Die von Scharlach und Fredriksen festgestellten Veränderungen des Selbstbildes weisen auch auf eine allgemeine Verschiebung der Selbstwahrnehmung hin und bestätigen die Möglichkeit eines noch tiefer gehenden Wandels auf emotionaler und psychologischer Ebene und in der jeweiligen Entwicklung.

In der Vergangenheit wurde der Tod eines nahe stehenden Menschen als eine vollkommen negative Erfahrung angesehen. Neuere Forschungen legen jedoch den Schluss nahe, dass es auch positive Aspekte gibt – sogar dann, wenn es sich bei dem Verstorbenen um Mutter oder Vater handelt. Es gibt Hinweise darauf, dass der persönliche Verlust Wachstum, Entwicklung und Umwandlung zur Folge haben kann. Meine eigene Arbeit und die Studien, die ich konsultierte, weisen

außerdem darauf hin, dass der Verlust der Eltern die Bereitschaft, etwas Neues zu wagen, und die Fähigkeit, sich in ein
soziales Umfeld einzufügen, vergrößert. Der Tod Ihrer Eltern
kann Ihnen eine neue Lebensphilosophie offenbaren und
Ihnen klarmachen, wer Sie sind und was Ihnen wichtig ist.

Monika war 47 Jahre alt, als sie Waise wurde. Sie schlug vor,
einen Ort einzurichten, an dem sich Erwachsene nach dem
Tod der Eltern zurückziehen können, um über die Auswirkungen dieses Verlustes auf Ihr Leben nachzudenken. Als ihr Vater
starb, verspürte sie eine ganz neue Ernsthaftigkeit. Sie fragte
sich: „Was mache ich mit meinem Leben? Zu was gebrauche
ich mein Leben?"

Sie definierte ihre zunächst anstehende Aufgabe als den
Versuch, etwas Neues über sich herauszufinden, das sie weiter
entwickeln wollte. Sie nannte diese Entschlossenheit zur Selbstentdeckung ihre „fruchtbare Übergangsperiode". Monika
stellte sich schwierige innere Fragen, die sie dann analysierte
und intensiv bearbeitete. Ich hielt die Idee der Fruchtbarkeit
dieses Stadiums für interessant und ermutigte sie, weiter
darüber nachzudenken. Monika hatte eine zweite Karriere als
Börsenmaklerin begonnen, obwohl ihr Traum war, Schriftstel-
lerin zu sein. Sie fing an, Freundinnen zu interviewen, die auch
ihre Eltern verloren hatten, und schrieb Essays über deren
Erfahrungen.

Gemeinsam arbeiteten wir eine Reihe interessanter Aussagen heraus, in denen all ihre Freundinnen übereinstimmten:

- Das Leben begann von Neuem.
- Diese Erneuerung war wichtig.
- Der Wert des Lebens hatte zugenommen.
- Der Wert bestehender Beziehungen hatte zugenommen.
- Die Selbstentdeckung als Waise erlaubte einen neuen Blick
  auf sich selbst, gerade, weil man allein war und keine Eltern
  mehr hatte.
- Einschränkungen infolge elterlicher Urteile, besonders was
  den Lebensstil anging, fielen weg.

- Die Einschränkungen hatten auch direkten Einfluss auf die Vorstellung vom eigenen Ich gehabt – diese Wahrnehmung wurde nun transformiert.
- Diese Transformation bewirkte, dass man von innen heraus stärker wurde.
- Die Transformation knüpfte dort an, wo man seine Entwicklung in einem früheren Lebensstadium unterbrochen hatte.

Man kann es mit dem Stricken eines Pullovers vergleichen. Sie stricken einen Teil, sind aber bei weitem noch nicht fertig, und an einem Punkt legen Sie ihn zur Seite. Dann sterben die Eltern. Sie nehmen das angefangene Stück wieder auf und vollenden den Pullover. Mit anderen Worten: Sie fangen an, mehr von dem zu sein, was Sie sind. Man kann auch von einem „Entwicklungsschub" sprechen.[19] Sie sind in der Lage, Ihre persönliche Entwicklung an genau dem Punkt wiederaufzunehmen, wo Sie zu einem früheren Zeitpunkt aufgehört haben. Die Interviews, die ich geführt habe, bestätigen dies.

Bill, 29
„Ich kann mein Leben jetzt selbst in die Hand nehmen. Ich werde mich um Dinge kümmern müssen, um die ich mich nie zuvor gekümmert habe, weil meine Eltern es mir abgenommen haben, wie zum Beispiel Geld und Geldanlagen."

Michael, 56
„Wenn ich jetzt mein Leben selbst in die Hand nehme, dann werde ich einiges anders machen. Zum Beispiel werde ich nicht mehr zur Kirche gehen. Das war irgendwie nie so richtig mein Ding. Ich ging hin, um meinen Eltern einen Gefallen zu tun. Ich fühle mich spiritueller als jemals zuvor, aber ich habe kein Interesse mehr an der Institution Kirche."

Es ist wichtig zu bedenken, dass sich Veränderungen bei jedem anders äußern können. Für Michael war die Aufgabe formeller Religiosität eine wichtige Veränderung. Tom (35) entschied sich, seine Verbindung zur Kirche zu erneuern. Solange seine Eltern am Leben gewesen waren, hatten sie ihn dazu gezwungen, mit in die Kirche zu gehen und er hatte gehorcht. Nach ihrem Tod wollte er zur Kirche gehen, weil dieser Besuch für ihn eine symbolische Verbindung zu seinen Eltern aufrechterhielt.

Sich selbst neu zu entdecken kann bedeuten, ein Gefühl, eine bestimmte Ausdrucksweise von Emotionen, einen Wert, ein persönliches Attribut, eine Art des Denkens, ein Talent oder ein spezifisches Element Ihrer Persönlichkeit zurückzuerobern. Das alles macht Sie einzigartig und definiert Sie als Individuum.

Zurückeroberte Verhaltensweisen könnten sein:

- Sinn für Humor,
- ein liebevolleres Wesen,
- die Fähigkeit, impulsives/zwanghaftes Verhalten zu kontrollieren,
- die Fähigkeit, engere Bindungen einzugehen,
- eine größere/kleinere Motivation zum Erfolg,
- ein größeres Bedürfnis den eigenen Kindern nahe zu sein,
- die Fähigkeit, Schüchternheit zu überwinden,
- die Fähigkeit, aggressiver/bestimmter aufzutreten.

Nach dem Tod Ihrer Eltern konzentrieren Sie sich wieder ausschließlich auf sich selbst. Sie schauen, Sie suchen, Sie erkunden, Sie lenken die Aufmerksamkeit auf Ihr inneres Wesen. Sie fragen sich, was fühlst du? Wer bist du gewesen? Wer wirst du sein?

Terry, 57

„Viele Jahre nachdem ich Waise wurde, bemerke ich nun, dass ich mehr ich selbst bin und paradoxerweise ärgere ich mich jetzt weniger, wenn meine Bedürfnisse nicht erfüllt werden. Es ist ein unterschwelliges Gefühl der Ruhe entstanden, ein Gefühl, dass alles schon irgendwie gut ausgehen wird. Meine Abhängigkeit von den Ergebnissen bestimmter Situationen ist nicht mehr so groß wie in der Vergangenheit." Terry war stolz auf diesen Wandel. Sie sagte, sie sei in der Vergangenheit ein Kontrollfreak gewesen. „Nichts ließ ich aus den Augen und ich musste immer soviel kontrollieren wie nur möglich. Jetzt sehe ich das Gesamtbild und finde es nicht mehr so wichtig, Recht zu haben oder anderen Leuten ihre Fehler nachzuweisen. Jetzt bin ich daran interessiert, dass mein Leben glatt, leicht und so konfliktfrei wie möglich verläuft.

Man könnte wohl sagen, dass ich mein Ego und meine Kontrollmanie überwunden habe. Das Leben ist kurz und ich möchte meine Energie nicht für die Ego-Probleme anderer Leute verschwenden oder mit ihren Bedürfnissen, mächtig, reich oder erfolgreich zu sein. Jeder soll sich um seinen eigenen Kram kümmern."

Egal in welchem Alter man Waise wird – man hat nun die einzigartige Möglichkeit, die eigenen Gaben zu entdecken. Sobald Sie das Wesen Ihres eigenen Ichs erkannt haben, können Sie daran gehen, all seine Aspekte zu entdecken. Ihre neue Individualität präsentiert sich als eine lebendige Kraft. Ich habe mit vielen verwaisten Erwachsenen gesprochen, die erstaunliche neue Talente in sich entdeckten und die es schafften, ihre kreativen Träume umzusetzen. Marvin Eisenstadts Forschung hat dieses Phänomen dokumentiert. Das Waisendasein verleiht in seinen Worten „den Willen zur Macht".[20]

Ihr neues Ich
Die folgenden Aufgaben helfen Ihnen dabei, Ihr neues Ich
zu entdecken:

- Betrauern Sie den Verlust der Eltern.
- Bewerten Sie die verlorenen Beziehungen neu.
- Entziehen Sie den Eltern die Macht über Sie.
- Leben Sie Ihr eigenes Leben.
- Schaffen und entwickeln Sie neue Ziele.

Ihr Verlust hat zunächst einmal eine Leere zur Folge. Was wird
sie ausfüllen? Wie werden Sie ohne Ihre Eltern leben? Vom
Verstand her ist Ihnen klar, dass Sie nicht mehr von den Eltern
abhängig sein sollten, emotional aber fühlen Sie sich, als sei
Ihnen der Boden unter den Füßen weggezogen worden. Je
nach der Qualität Ihrer Bindung können Sie Schmerz, Leid,
Taubheit, Wut, Isolation oder Verwirrung empfinden. Sagen
Sie sich: „Ich bin jetzt allein und ich muss die Fähigkeit
entwickeln, für mich selbst zu sorgen. Ich kann mich jetzt nur
noch auf mich selbst verlassen."

Im Verlauf der Zeit fangen Sie an, Ihre Gefühle sich selbst
gegenüber zu erkunden. Das ist die Spitze des Eisbergs. Mit
Ihrer Trauer und Ihrer Seelensuche kommen Fragen hoch:
War Ihr Leben auf Begrenzung gegründet, auf die Unmöglich-
keit, ihr authentisches Ich auszudrücken? Wenn ja, welche
Aspekte Ihrer Persönlichkeit waren verborgen? Können Sie
sich nun frei entfalten? Welche Rolle hatten Sie selbst, welche
Rolle hatten Ihre Eltern dabei? Hatten Sie das Bedürfnis zu
gefallen, sich anzupassen, es recht zu machen? Diese Fragen
und viele andere tragen zu der Lebenskrise bei, die mit dem
Tod der Eltern auftritt.

Sie beginnen zu erkennen, dass Sie nun wieder wachsen
können. Sie fangen an, Veränderungen zu sehen. Werden
diese Veränderungen für andere akzeptabel sein? Wie werden
Ihre Geschwister, Ihre Kinder, wie wird Ihr Partner damit

umgehen? Oft gibt es einen Widerspruch zwischen der Rücksichtnahme auf andere und dem starken Bedürfnis nach persönlicher Veränderung.

Maxine, 43

„Oh, ich war ein mustergültiges kleines Mädchen, ich machte immer, was von mir erwartet wurde. Auch als Jugendliche und Erwachsene verschleierte ich meine Identität auf jede nur erdenkliche Weise. Ob ich gefallsüchtig war? Darauf können Sie wetten! Ich kann mir noch nicht einmal ansatzweise vorstellen, wie ich geworden wäre, wenn ich mein Leben von innen heraus gesteuert hätte. Ich unterwarf mich den Wünschen und Bedürfnissen aller Familienmitglieder. Ich nahm die ganze Zeit Rücksicht auf ihre Gefühle.

Ich erlebte einen Schock, als meine Mutter starb. Plötzlich hatte ich keine Rolle mehr im Leben. Ich stand in der Trauerhalle und zitterte, weil ich nicht wusste, was jetzt meinem Leben Sinn geben würde. Die zwei Erwachsenen, die mir außer meinen Kindern am meisten bedeutet hatten, waren weg. Sogar mein Mann war mir nicht so wichtig. Tatsächlich war mein Mann immer eifersüchtig auf meine Eltern gewesen, und er warf mir immer vor, dass ich sie mehr liebte als ihn und ihre Bedürfnisse über seine stellte. Er hatte Recht!

Recht oder Unrecht, es gibt immer Menschen, die ihre Eltern nie verlassen und ihre biologische Familie besser behandeln als die Person, die sie heiraten. Ich war eine von diesen Menschen. Nach Wochen, in denen ich betäubt und starr herumsaß, bemerkte ich, wie etwas in mir wuchs und herauswollte. Mein Mann nannte es „ein kleines Monster", meine Teenager „Egoismus". Bezeichnen Sie es als „verzogen" oder „selbstzentriert", ich nannte es „ich selbst werden" – endlich ich selbst werden.

Ich wollte zum Beispiel Dinge auf meine Art tun, zum Beispiel entscheiden, für was ich das geerbte Geld ausgeben würde. Oder mein Aussehen verändern. Als erstes wollte ich abnehmen, mehr Make-up benutzen und andere Kleider tragen. Ich wollte Tango lernen und schleppte meinen Mann in einen Kurs. Ich wollte Kunstkurse besuchen, und zwar alleine, auch wenn sich mein Mann dadurch bedroht fühlte! Ich habe mir selbst erlaubt, das alles zu tun! Das ist es, was geschah, als meine Mutter starb."

Dieser innere Wunsch nach Veränderung ist es, der die Waise dazu motiviert, im Erwachsenenalter weiter zu wachsen. Der Fortschrittsimpuls sorgt dann dafür, dass die Trauer um die verlorene Beziehung zu den Eltern sich zu einem persönlichen Erfolgserlebnis entwickelt. Deshalb sind die großen und die kleinen Veränderungen, die Sie in Ihrem Leben vornehmen und die Sie für sich selbst tun, gleichzeitig auch eine Möglichkeit, die Erinnerung an die Eltern zu bewahren. Indem Sie Ihr Leben verbessern, ehren Sie Ihre Eltern.

Das erklärt auch das enge Band, das die Trauer mit Wandel, Transformation und der Entdeckung des neuen Ichs verbindet. Diese Veränderungen setzten mit der Anpassung an den Verlust ein. Die Folge ist die Geburt von etwas Neuem. Wenn Sie Ihre Eltern verlieren, können Sie gleichzeitig Ihr neu gestaltetes Ich zur Welt bringen, indem Sie ihm erlauben zu wachsen.[21]

In diesem Stadium Ihrer Transformation verbinden sich der Prozess der Neubewertung, der in diesem Lebensstadium ohnehin normal ist, und der Prozess des Ich-Wachstums. Dieses Wachstum ist wunderschön und unterstreicht den Willen, den Tod der Eltern mit Würde und Entschlossenheit zu überstehen. Es ist ein kraftvoller Schritt in die Zukunft. Die frühere Macht Ihrer Eltern wird ersetzt durch die Macht des eigenen Ichs.

Die Macht der Eltern

Ihre Eltern hatten natürlich Einfluss auf Ihre Persönlichkeit. Kommen Ihnen einige dieser Kommentare bekannt vor?

• „Sei nicht töricht!"
• „Verhalte dich endlich so, wie es deinem Alter gebührt!"
• „Beruhige dich wieder und hör auf damit!"
• „Wenn du das noch einmal machst, dann werde ich ...!"
• „Wieso kannst du nicht sein wie ...?"
• „Deine Schwester/dein Bruder würde niemals ..."
• „Wie oft habe ich dir erzählt, dass du damit aufhören sollst?"
• „Sei endlich ernst!"
• „Das werde ich deinem Vater erzählen."
• „Ich werde dir das nicht noch einmal sagen."

Kritische Kommentare, sowohl positive als auch negative, beeinflussten Sie und die Entwicklung Ihrer Persönlichkeit – ebenso wie Reaktionen auf Ihr Verhalten. Ihre Persönlichkeit existierte ja bereits, aber Sie wurde geprägt durch das Verhalten Ihrer Eltern. Genetische Veranlagungen, das Umfeld und die Erziehung haben den Boden bereitet, auf dem Sie sich entwickelt haben. Die Interaktion zwischen Ihren Eltern und Ihnen spielte die wichtigste Rolle in Ihrer täglichen Erfahrung.

Die Bedeutung von Beziehungen

Wenn Ihre Eltern sterben, haben Sie schon viele Formen zwischenmenschlicher und sozialer Beziehungen kennen gelernt. Die bei weitem wichtigste davon wird wahrscheinlich die Ehe sein – außer natürlich Ihre Eltern sterben, bevor Sie geheiratet haben. Der Tod der Eltern kann Sie auch in eine

Beziehung drängen – oder in eine Ehe, wenn Sie bereits in einer festen Beziehung leben.

Viele Waisen berichten, dass Beziehungen, die sie schon vor dem Tod der Eltern unterhielten, sich nach deren Tod veränderten. Das ist nicht überraschend, wenn man überlegt, welches Gefühl der Einsamkeit dieser Verlust mit sich bringt. Ein Patient namens Martin (43) heiratete nach dem Tod beider Eltern. Er beschrieb die drei Jahre dauernde Beziehung zu der Frau als freundlich, harmonisch und bequem. „Ich fühlte mich extrem einsam, nachdem meine beiden Eltern tot waren, und ich hatte das Gefühl, eine Heirat würde das verbessern." Sein Verlust motivierte ihn zum Heiraten.

Beziehungen können sich aber auch negativ verändern. Konrad (64) begann nach dem Tod seines Vaters eine Beziehung mit einer Frau, die ein Abbild seines Vaters war: kritisch, fordernd und lieblos. Unbewusst suchte und fand er einen Ersatz für den verstorbenen Vater. Dieses Ersetzen eines elterlichen Liebesobjekts war Folge eines Konflikts, der zwischen Konrad und seinem Vater vor dessen Tod bestanden hatte. Die folgenden Probleme hätten vermieden werden können, wenn Konrad die Beziehung zu seinem Vater vor dessen Tod verbessert hätte. Die Versuche, stattdessen seine neue Partnerin zu verbessern, schlugen fehl und der Konflikt mit dem toten Vater dauerte an. Die Beziehung scheiterte zwei Jahre nach dem Tod des Vaters. Sein Versuch, die Beziehung zum Vater zu verbessern, indem er eine andere Beziehung zu reparieren versuchte, scheiterte kläglich.

Michele, 48 Jahre alt und bereits geschieden, berichtet von ihren Versuchen, der schwierigen Beziehung zu ihrer Mutter zu entkommen und ihre Trauergefühle zu verstecken:

„Ich probierte alles: Drogen, Alkohol, ständig neue Männer! Es ist erstaunlich, wie wenig so etwas hilft. Letzten Endes war ich gezwungen, eine Therapie zu beginnen und einen ernsthaften Blick auf meine Probleme zu werfen.

Meine Eltern waren beide Alkoholiker gewesen und hatten nie irgendetwas zuwege gebracht. Ich hatte mich mit der Hilfe meiner Großmutter mütterlicherseits selbst aufgezogen. Als meine Eltern gestorben waren, fühlte ich mich erleichtert und frei. Sie waren nie meine Eltern gewesen. Trotzdem hatte ich etwas verloren und ich weigerte mich, mir das einzugestehen. Mir wurde klar, dass ich meine Eltern verloren hatte, bevor ich 15 wurde. Ich hatte sie an den Alkohol verloren.

Mein Vater hatte mich ständig beschimpft und ich hörte ihm nicht mehr zu. Irgendwann hatte ich gar keinen Bezug mehr zu ihm. Das Gleiche passierte mit meiner Mutter. Es ist wenig überraschend, dass ich mit meinen Ehemännern beide Male auch keine gute Wahl traf. Der Tod meiner Eltern hat meine Partnerwahl nicht beeinflusst – ihr Leben war es. Doch als sie beide tot waren, war ich viel motivierter, meine Probleme mit ihnen zu klären, damit ich mir einen neuen Freundeskreis aufbauen konnte."

Der Tod der Eltern kann verschiedene Auswirkungen auf Ehen und andere Beziehungen haben, zum Beispiel darauf:

- wie viel Unterstützung der Partner dem Hinterbliebenen gewährt,
- wie sich Macht verschiebt und wie infolgedessen, Entscheidungen getroffen werden,
- wie sich die Beziehung des Hinterbliebenen zu anderen Familienmitgliedern entwickelt.

Das Ich neu erfahren

Inzwischen fällt Ihnen auf, dass Sie sich verändert haben. Oder dass Sie sich in einem Veränderungsprozess befinden. Jeder Tag bringt etwas Neues für Sie, zum Denken und zum Fühlen. Ihre Selbstwahrnehmung gewöhnt sich an eine Welt ohne Eltern. Dieses Polster zwischen sich und der Welt wurde entfernt. Es wird ersetzt durch Ihre innere Stärke. Ihre Persönlichkeit hat eine neue Dimension erhalten. Ihr altes Ich war jemandes Kind und Ihr neues Ich lebt alleine. Das hat die Konsequenz, dass Sie unabhängiger werden und Ihre Persönlichkeit facettenreicher wird.

Der Wandel kann so plötzlich kommen – als ob jemand eine Tür öffne. Es geschieht automatisch, ohne dass Sie daran denken. Das Verhalten und der Wandel gehen oft unbewusst vor sich.

Fragen Sie sich:

• Wer war ich? (vor dem Tod der Eltern)
• Wer bin ich jetzt? (nach dem Tod der Eltern)
• Welche kleinen Veränderungen bemerke ich an mir selbst?
• Welche neuen Beschäftigungen könnten mich interessieren?

Das Ich neu definieren

Sie fragen sich auch:

• Wer bin ich als Person?
• Wer bin ich im Bezug auf andere?
• Wer bin ich im Bezug auf die Welt?

Wie sind sie vorgegangen, um sich selbst zu erkunden? War es ein absichtsvoller Prozess? Geschah es spontan? Oder beides?

Haben Sie sich Notizen gemacht? Haben Sie mit jemandem,
den Sie schätzen oder dem Sie vertrauen, darüber gesprochen?
War Ihr Werdungsprozess eine natürliche Entwicklung oder
mussten Sie ihn kontrollieren? In welcher Weise fühlten Sie
sich anders?

Ganz werden

Persönliches Wachstum kann sofort nach dem Tod Ihrer
Mutter oder Ihres Vaters beginnen und sich während Ihres
restlichen Lebens weiterentwickeln. Wichtig ist, dass Sie ganz
werden, weil Sie verlorene Elemente Ihrer eigenen Persönlichkeit wiederentdecken, die teilweise oder ganz aus Ihrem Leben
ausgeschlossen waren. Dazu gehören Talente, Reaktionen,
Lieblingsbeschäftigungen, Neigungen – all das, was Sie einzigartig macht. Sie werden Teile von sich neu entdecken. Sie
werden ganz werden, indem Sie sich mit Ihren verlorenen
Teilen neu verbinden.
    Vielleicht überrascht es Sie, dass das tatsächlich ein Aspekt
des Trauerns ist. Es ist eine Chance, die es Ihnen erlaubt, nach
innen zu blicken. Wenn ein Elternteil stirbt, stirbt ein Teil Ihrer
selbst, der mit dem Elternteil verwoben war, und Sie leben von
nun an für sich selbst. Deshalb können Sie:

- mehr über Ihr Potenzial erfahren,
- Ihr Potenzial verwirklichen,
- den Wert des Lebens und menschliche Werte erkennen,
- den Wunsch verspüren, anderen Erwachsenen ohne Eltern
  in ihrer Krise zu helfen,
- ein einfühlsamerer Mensch bzw. ein einfühlsamerer Vater/
  eine einfühlsamere Mutter werden,
- all Ihre einzigartigen Fähigkeiten entwickeln und nutzen.

All das trägt dazu bei, ein selbstverwirklichtes Leben zu führen. Lernen Sie, wie Sie die positiven Seiten eines schmerzhaften oder sogar traumatischen Erlebnisses für sich nutzen, und welche Ergebnisse der kreative Wachstumsprozess zutage fördert. Dieser Wandel – ein ausgesprochen bedeutender Wandel – kann nur an diesem Punkt Ihres nun vollendeten Erwachsenendaseins stattfinden.

Freiheit, Veränderung und Neubeginn

Freedom's just another word for nothin' left to lose,
And nothin' ain't worth nothin' but it's free.

KRIS KRISTOFFERSON / FRED FORSTER (1969), *ME AND BOBBY MCGEE*

Bevor Sie beginnen, sich zu verändern, sollten Sie die zentrale Bedeutung von zwischenmenschlichen Bindungen verstehen. Bindungen spielen in allen menschlichen Beziehungen eine Rolle. Die Fähigkeit sich an jemanden zu binden hat ihren Ursprung in der Kindheit und bildet die emotionale Basis aller späteren Bindungen. Bindungen sind ein Teil unserer biologischen Programmierung, wir entwickeln sie instinktiv. So entsteht ein enges Band zwischen Ihnen und Ihren Eltern. Als Kind waren Sie auf diese Zuwendung, vor allem auf die Ihrer Mutter, angewiesen, um zu überleben. Ohne die Nahrung der Mutter wären Sie womöglich gestorben. Andersherum war es Ihr natürlicher Instinkt, der Sie etwa Nahrung einfordern ließ – durch Weinen und andere verbale Signale, die Ihre Mutter auf Ihre Bedürfnisse aufmerksam machten.

Eltern-Kind-Bindung

Um die Auswirkungen des Verlustes Ihrer Eltern wirklich zu verstehen, müssen Sie die essenzielle und grundlegende Natur von Bindungen verstehen. Die Intensität Ihrer Elternbindung kann im Lauf Ihres Lebens schwanken, abhängig davon, wie sich Ihre Interessen, Ihr Freundeskreis, Beruf und soziale Strukturen entwickeln. Und doch ist die Bindung an Ihre Eltern ein dauerhaftes Band, das durch eine räumliche Trennung nicht gelöst werden kann. Viele von Ihnen werden das Gefühl kennen, an die Eltern gebunden zu sein, und sollten sich dessen auch nicht schämen, unabhängig von Ihrem Alter oder dem, was Sie sozial oder beruflich erreicht haben.

Vor diesem Hintergrund erklärt sich die Tragweite des Verlustes jener Menschen, von denen Sie so lange Zeit abhängig waren. Wer einen großen Teil seines Erwachsenendaseins mit seinen Eltern und seiner Familie verbracht hat, steht diesen oft noch näher und fühlt sich abhängiger. Diese Menschen wissen, was solch eine lebenslange Bindung bedeutet. Ohne diese Bedeutung zu kennen, können Sie die Kraft von Verlusten nicht wirklich verstehen. Die folgenden Ideen können Ihnen helfen, das Wesen von Bindungen zu begreifen:

- Bindungsverhalten ist instinktiv. Es führt dazu, dass eine Person physischen Kontakt mit einer anderen Person bekommen oder behalten möchte.
- Bindungsverhalten unterscheidet sich von Nahrungs- und Sexualverhalten, ist aber ebenso wichtig.
- Bindungsverhalten von Kindern führt zur Ausbildung von Herzensbindungen im späteren Leben.

Erst wenn Ihnen die Intensität der elterlichen Bande emotional klar geworden ist, fangen Sie an, die Tragweite Ihres Verlustes zu verstehen. Marsha, die mit 43 Waise wurde, sagte mir: „Den Tod meiner Eltern zu akzeptieren bedeutete, die Menschen zu verlieren, an die ich am engsten gebunden war. Ich wusste, dass ich sie nie durch etwas ersetzen konnte, darum wollte ich um so stärker an ihnen festhalten. Sie werden immer ein wichtiger Teil meines Lebens sein."

Was ist Bindung? Bindung ist eine zwischenmenschliche Verbindung, ein emotionales Band. Es gibt nichts engeres als eine Beziehung, die auf einer emotionalen Bindung beruht, und die Beziehung zu unseren Eltern ist das beste Beispiel dafür. Weitere Beispiele sind die Beziehungen zu Freunden, Liebhabern, Ehemännern, Ehefrauen und Kollegen, die in unserem Leben wichtig sind. Verlieren wir diese Menschen, so ist ein Schmerz die Folge, der sehr individuell ist: „Ein Schmerz, der nicht dadurch gelindert werden kann, dass eine andere Person den Verstorbenen in der gleichen Konstellation zu ersetzen versucht (anderer Ehegatte, anderes Kind)."[22]

Matt verlor seine Mutter, als er 56 Jahre alt war. Er sagte: „Nichts hat mir so zugesetzt wie der Tod meiner Mutter. Ich wusste, dass ihr Tod traumatisch sein würde, aber ich war nicht darauf vorbereitet, wie sehr ich am Boden zerstört war."

Sydney, die ihre Mutter verlor, als sie 50 war, drückte es sehr drastisch aus: „Ich war auf den Verlust vorbereitet. Ich war auf die Ungewissheit vorbereitet. Aber ich war nicht auf das gebrochene Herz vorbereitet." Ja, der Verlust der Eltern kann herzzerreißend sein.

Es ist kaum möglich, die Bedeutung solcher Bindungsbeziehungen für uns zu überschätzen. Sie sind tief verwurzelt und gehören zu den menschlichen Grundbedürfnissen. Und doch wird die Wichtigkeit solcher Bindungsbeziehungen oft unterschätzt, wenn es um erwachsene Waisen geht. Anstatt den Verlust der Eltern als unbedeutendes Ereignis für den hinterbliebenen Erwachsenen zu sehen, ist es wichtig, ihn als lebensveränderndes Ereignis in der Entwicklung des Betroffenen zu begreifen.

„Der Verlust eines Elternteils ist nicht einfach ein Verlust. Für viele Erwachsene ist es ein bedeutender Wendepunkt in ihrer Lebensentwicklung, einer, der oftmals intra-psychische und zwischenmenschliche Veränderungen zur Folge hat."[23] Der Verlust eines Elternteils ist oft auch der Verlust eines sozialen Partners. „In einigen Fällen spielen die Eltern eine aktive Rolle im täglichen Leben ihrer Kinder und deren Familien. Sie können die Funktion von Vertrauten und Beratern bei familiären Konflikten und Eheproblemen, Schwierigkeiten am Arbeitsplatz und finanziellen Nöten erfüllen. Eltern können praktische Hilfe leisten, finanziell aushelfen, Kinder betreuen, Haushaltsgegenstände und andere Notwendigkeiten des Lebens zur Verfügung stellen sowie Unterschlupf gewähren."[24] Von diesen Eltern wird oft erwartet, dass sie für Großeltern-Aktivitäten und als Spielkameraden für die Enkelkinder zur Verfügung stehen.

Matt stellt fest: „Ich weiß, dass meine Frau ziemlich erstaunt war über meine Reaktion auf den Tod meiner Mutter, sie schaute mich manchmal komisch an. Ich empfand den Verlust sehr, sehr intensiv." Selbst als Erwachsene lieben wir unsere Eltern und wir leiden, wenn sie gestorben sind. Die Eltern waren Ihre wichtigsten Vorbilder. Einige von Ihnen mögen der Auffassung sein, dass sie Reife erlangt und das Bedürfnis nach Ihren Eltern überwunden haben, andere dagegen denken, dass die Anteilnahme der Eltern an ihrem Leben Ihnen dauerhafte Unterstützung und Sinn verlieh. Im Erwachsenenalter bekommt Ihrer Liebe für die Eltern eine neue Dimension. Sobald Sie Kinder haben, werden Sie Ihre Eltern wahrscheinlich besser verstehen lernen und ihnen Fehler verzeihen. Gerade weil wir als Erwachsene Respekt für die eigenen Eltern, die ihr Bestes für uns getan haben, empfinden, wird unsere Liebe reicher und unser Verlust größer.

Gesunde Familie, gesundes Ich

Eltern und Kinder sind füreinander sehr wichtig. Zusammen bilden Eltern und Kinder eine Einheit: die Familie. Die gesunde Familie vermittelt die Sicherheit, die es Ihnen erlaubt, Ihre Individualität zu entwickeln. Viele wissen, was das bedeutet und schätzen sich glücklich, dass sie Eltern hatten, die ihr individuelles Wachstum unterstützt haben. Wer in einer Familie aufwächst, hat normalerweise das Gefühl, das eigene Ich sei immer schon sichtbar gewesen. In diesem Fall kann es sein, dass der Wunsch nach Veränderung nach dem Tod der Eltern weniger stark ausgeprägt ist. Doch auch ein Erwachsener mit einem ausdifferenzierten Ich kann im Verlust der Eltern eine Motivation finden, aus dieser Erfahrung heraus sein Leben noch reicher zu machen.

Liebe und Respekt zwischen Eltern und ihren Kindern sind möglich. Obwohl kulturelle und soziale Faktoren sich beständig ändern und die Kluft zwischen den Generationen vergrößern können, ist die Chance auf Lebensqualität, Reife, persönliche Entwicklung und Erfolg nach wie vor für die Mitglieder aus Familien mit starken und intakten Bindungen am größten.

Genau das haben Sie sich für sich selbst gewünscht und wünschen Sie jetzt auch Ihren Kindern. Wenn Ihnen klar wird, welche Rolle eine emotionale Bindung zu den Eltern spielt und welche Verhaltensweisen und Bedürfnisse daraus resultieren, bekommen Sie einen ganz neuen Blick auf sich selbst und Ihrer Beziehung zu den Eltern. Und Sie werden die Möglichkeit und das Bedürfnis nach einer Veränderung als Reaktion auf die Abwesenheit der Eltern besser verstehen.

Allgemein sorgt eine gute Erziehung für ein gesundes Selbstwertgefühl. Ein gesundes Selbstwertgefühl erlaubt eine Persönlichkeit, die sich frei ausleben kann. Carole war 58, als sie Waise wurde. „Meine Eltern gaben mir immer das Gefühl, dass ich ich selbst sein konnte. Sie ermunterten mich, Neues auszuprobieren und meine Wünschen umzusetzen. Deshalb hatte ich meist das Gefühl, dass ich nichts unterdrücken musste – ob es um ein Gefühl ging, das ich empfand, oder ob es der Wunsch war, etwas Bestimmtes zu tun."

Die „Gesundheit" einer Familie oder der Grad, mit dem Familienmitglieder und besonders Kinder das Gefühl haben, „sie selbst sein zu können" ist unterschiedlich. Die Eltern haben einen deutlichen Einfluss auf die Entscheidungsfindung ihrer Kinder und deren Möglichkeit, ihrer Persönlichkeit Ausdruck zu verleihen. Der Tod der Eltern und der Trauerprozess signalisieren den Beginn einer Perspektivenverschiebung. Nach dem Verlust der Eltern befinden Sie sich in einer Phase des Wandels, die ganz besondere Anpassungs- und Bewältigungsstrategien erfordert. Die Situation nach dem Tod der Eltern ist neu, sie hat nichts Vertrautes.

Wie erfolgreich Sie in Ihrer neuen Rolle als Waise sind, entscheidet sich mit der Antwort auf die Frage, ob Sie die Notwendigkeit einer Anpassung an die neue Situation erkennen und akzeptieren. Zuerst müssen Sie den Trauerprozess durchstehen, eine schwierige Zeit des Umbruchs, die von den wenigsten völlig verstanden wird.

Nach dem Tod Ihrer Eltern stellen Sie fest, dass neue Verantwortlichkeiten auf Ihren Schultern lasten und dass das Sicherheitsnetz aus der Kindheit verschwunden ist. Bis jetzt waren Sie auf die eine oder andere Weise von Ihren Eltern abhängig. Sie waren da, um Sie zu ernähren, aber auch um Konflikte mit ihnen von Angesicht zu Angesicht auszutragen. Ihr Tod setzt der Kindheit genauso ein Ende wie den Eigenschaften, die mit der Rolle des Kindes verbunden sind:

- Als Kind haben Sie keine Macht oder Autorität.
- Als Kind sind Sie nicht verantwortlich und treffen keine Entscheidungen.
- Als Kind fehlt Ihnen das absolute Vertrauen in sich selbst.

Hier sind einige typische Kommentare aus vielen Einzelgesprächen über die neue Bewusstheit des Erwachsenseins:

- „Ich wurde endlich erwachsen."
- „Mir war gar nicht klar, wie sehr ich noch Kind war."
- „Können Sie sich das vorstellen, ich bin 62 und fühlte mich noch wie ein Kind? Ich glaube, man wird nie richtig erwachsen, solange Mutter oder Vater noch leben."
- „Jetzt, wo ich das Oberhaupt der Familie bin, fühle ich mich als Person anders. Ich habe die Verantwortung."

Der Verlust des inneren Kindes

Ihr erwachsenes Ich ist nicht das einzige, dass die Eltern verliert. In Ihnen steckt immer noch ein inneres Kind und dieses innere Kind ist durch den Tod Ihrer Eltern schrecklich verstört. Das innere Kind sehnt sich danach, bemuttert zu werden, egal wie alt es ist. Dieses Bemuttern hat viele Formen: Hilfe, Fürsorge, finanzielle Unterstützung, Entscheidungsfindung, Nahrung, bedingungslose Liebe.

Nach dem Tod eines geliebten Elternteils fühlen sich viele Menschen plötzlich wieder wie das Kind, das sie einmal waren, und sie sehnen sich nach der ursprünglichen Zuwendung durch Mutter oder Vater, die sie in der Kindheit erfahren haben. Der 38-jährige Zach erzählte mir, dass er sich nichts mehr wünschte, wenn er krank im Bett lag, als dass seine Mutter ihm einen feuchten Waschlappen auf die heiße Stirn legte und ihm Ginger Ale brachte. Zach ist ein großer stämmiger Mann und es war ihm ein wenig peinlich, von diesem tiefen Wunsch nach mütterlicher Liebe zu sprechen, aber solch ein kindliches Verlangen nach Mama oder Papa ist oft Teil des Trauerprozesses eines frisch verwaisten Erwachsenen. Tatsächlich linderte Zach sein Verlangen teilweise dadurch, dass er mehr Zeit mit seinen eigenen Kindern verbrachte und ihnen die Umarmungen und die Liebe zuteil werden ließ, die er sich selbst so sehr wünschte.

Das Gefühl der Scham und der Peinlichkeit angesichts dieser Rückentwicklung ist ebenfalls ganz natürlich. Manchen Menschen fällt es schwer, die Maske des souveränen, funktionierenden und über den Dingen stehenden Erwachsenen aufzugeben. Für meine Patientin Felicia, die ihre Mutter mit fast 50 verlor, war der Austausch von E-Mails mit ihren besten Freundinnen eine Wohltat und eine große Unterstützung. „In den ersten Monaten nach ihrem Tod wollte ich irgendwie für mich allein sein und ich empfand das Schreiben und Empfangen von E-Mails als viel weniger zudringlich verglichen mit einem Gespräch am Telefon. Ich konnte mich zurückziehen und trotzdem Trost und Zuwendung durch meine Freundinnen erfahren." Wie immer Sie die Trauer um Ihr inneres Kind ausdrücken, es ist Teil Ihrer Anpassung an das Waisendasein. Überwinden Sie Schamgefühl und Vorurteile darüber, wie man um dieses verlorene Kind trauern darf. So werden Sie in der Lage sein, Ihr erwachsenes Ich völlig anzunehmen und Ihren Verlust zu akzeptieren.

Verharren oder verändern?

Auch wenn eine unveränderliche und vorhersehbare Situation Trost und Sicherheit verheißt, sollten Sie die Vorteile von Veränderung und Wandel nicht ignorieren „Nichts ist beständig außer der Veränderung", belehrt uns Heraklit. Veränderungen und die Möglichkeit von Veränderungen kennzeichnen die Situation nach dem Tod der Eltern. Behalten Sie folgende Ideen im Blick, während Sie den Ablösungsprozess durchlaufen:

- verändern,
- loslassen
- Neues ausprobieren,
- nach Chancen Ausschau halten.

Die Bereitschaft, etwas Neues auszuprobieren, wurde in früheren Studien über das Trauern als Zeichen gewertet, dass der Trauerprozess zuende sei. Neuere Theorien legen nahe, dass Veränderungen in jedem Stadium des Trauerprozesses auftreten können. Die produktivste Möglichkeit, den Wandel zu steuern, ist, sich dann auf sich selbst zu konzentrieren, in der Hoffnung etwas Neues zu entdecken. In seinem Buch *So lebt der Mensch* schreibt André Malraux sinngemäß: „Das große Geheimnis ist nicht, dass wir hier zufällig zwischen die Vielfalt der Materie und die Vielfalt der Sterne geworfen sind, sondern dass wir hier, aus unserem Gefängnis heraus, aus uns selbst heraus, Bilder schaffen, die stark genug sind, unsere Nichtigkeit zu überwinden."[25]

Instinktiv hegt jeder den Wunsch, er selbst zu werden. Wenn Ihre Eltern diesem Ziel im Weg standen oder Sie sich aus anderen Gründen nicht angemessen verwirklichen konnten, wird es nach dem Tod der Eltern leichter, diesen Impuls in die Tat umzusetzen. Die Freiheit, Sie selbst zu werden, ist Ihr Geburtsrecht. Wenn Sie nicht oder nicht völlig Sie selbst waren, weil Sie nach elterlicher Zustimmung strebten, dann sind Sie nach dem Tod der Eltern nicht mehr diesem Muster unterworfen.

Eine Patientin las mir das folgende Gedicht vor, nachdem sie davon geträumt hatte, sich ein neues Lebensziel zu geben. Ihr Ziel war es, selbstgesteuert und frei zu leben.

Ein Leben, ein Leben aus mehr als Fleisch erschaffen,
Hat mich hierher gebracht,
Mein Untergang realer noch durch Schläge des Todes,
Geboren auf meiner Neuheit wie ein Schild.
Oh mich selbst zu kennen ist nun der Schlüssel
Des Lebens Spiegel scheint hell dem Licht entgegen,
Die dunkle Suche nun vorüber
Finde ich mein Glück.

Freiheit und Befreiung

Was also bringt den Menschen in die Lage, sich neu an selbst gesteckten Zielen zu orientieren? Wie kann eine Waise selbstsicher genug sein, diese Chance zu ergreifen, die ihr das Leben in diesem Moment bietet? Woher kommt die Kraft, sich selbst neu zu organisieren?

Sich befreit fühlen ist eine Reaktion auf den Tod eines Elternteils. Dieses positive Gefühl schafft für den Hinterbliebenen einen Konflikt, dessen Gründe auf der Hand liegen. Nachdem man ein Leben lang durch Liebe mit seinen Eltern verbunden war, führt dieses Gefühl der Freiheit nach deren Tod zu Schuldgefühlen und andere verstörende Emotionen. Diese Gefühle können schockierend und schwer zu ertragen sein.

Viele Menschen teilten mir diese Gefühlskonflikte mit:

„Ich hatte nicht erwartet, dass ich mich frei fühlen würde. Jetzt bin ich aufgeregt und habe Angst."

„Ich konnte dieses Gefühl der Leichtigkeit zuerst nicht einordnen und als Sie mir sagten, dass es Freiheit sei, sagte ich: ,Ja!' Und dann sagte ich: ,Nein!'"

„Ich wusste sofort, dass ich befreit war. Ich fühlte mich frei und schuldig deswegen."

„Als meine Pflichten endeten, fing meine Freiheit an."

„Ich hatte dieses aufregende Gefühl, dass ich alles tun konnte, was ich wollte. Aber ich hatte Angst, es jemandem zu erzählen, weil ich dachte, man würde denken, dass ich meine Eltern nicht wirklich geliebt hätte."

„Meine Mutter erzählte mir, wie frei sie sich fühlte, als ihre Mutter starb und dass ich eines Tages genauso fühlen würde! So gab sie mir letzten Endes die Erlaubnis, so zu fühlen."

„Ich musste nach dem Tod meiner Eltern lernen, all meine Gefühle zu sortieren, aber eines meiner Gefühle war ganz sicher Freiheit."

„Wenn ich nur hätte frei sein können, solange meine Eltern am Leben waren – meine Eltern hätten es genossen, mich meine Freiheit genießen zu sehen."

Es ist möglich, dass die verinnerlichten Stimmen der Eltern in Ihnen lange nach deren Tod weiter existieren. Sie können lernen, diese Stimmen loszulassen und anfangen, ihre eigene Stimme zu hören.

Einsamkeit als etwas Positives empfinden

Einsamkeit ist so ziemlich genau das, was man als Waise empfindet. Es ist schmerzhaft, sich allein zu fühlen. Doch die andere Seite des Alleinseins ist, dass es niemanden gibt, auf den man hören oder Rücksicht nehmen muss. So ist das Waisendasein in der Tat zweigesichtig – der Schmerz der Einsamkeit mischt sich mit der Freude über die Freiheit. Marty (60) ist College-Professor für englische Sprache und Literatur. Er erzählte mir viele Geschichten über das, was er sein „Freiheitsglück" nannte. Hier ist eine davon:

„Eines Tages ging ich zu einem meiner Seminare und mehrere Studentinnen kamen kichernd in meine Richtung gerannt. Meine spontane Reaktion war, sie zur Ordnung zu rufen. Dann sagte ich zu mir: ‚Ich benehme mich wie mein Vater und das will ich nicht.' Mein Erbe hat mich finanziell unabhängig gemacht und ich beschloss, ein Jahr auszusetzen. Ich nutzte mein Sabbatical dazu, ein halbes Jahr nach Indien zu gehen, und diese Erfahrung machte mich zu einem spirituelleren Menschen.

Die zweite Hälfte meines Jahres verbrachte ich in Frankreich, wo ich mich der Sprache und der Kunst widmete. Es war eines der besten Jahre meines Lebens. Vor Vaters Tod hatte ich mich scheiden lassen und ich reiste allein. Obwohl ich mich manchmal einsam und von all meinen familiären Wurzeln abgeschnitten fühlte, erkundete ich das Leben für mich allein und ich liebte es. Ich traf Menschen und verlebte eine wundervolle Zeit. Ich gebrauchte meine Sinne, ich blieb länger wach als sonst. Ich fühlte mich glücklich. Ich schwor mir, dass ich wieder ans College zurückgehen würde und meinen Studenten helfen würde, die wichtigen Dinge des Lebens zu verstehen:
Es gibt viele Arten, das Leben zu leben.
Es gibt viel zu genießen und es ist gut, sich für das Vergnügen Zeit zu nehmen.
Wir müssen tun, was wir uns wünschen und was uns tief bewegt."

Wann fängt man an, sich frei zu fühlen?

An welchem Punkt nach dem Tod Ihrer Eltern werden Sie anfangen, sich frei zu fühlen? Das ist bei jedem Menschen verschieden. Einige fühlen sich sofort befreit, andere erst zu einem späteren Zeitpunkt. Kann man Probleme mit dem Gefühl der Freiheit haben und die Freiheit dennoch für sich nutzen? Ja!

Ob Sie das Gefühl der Freiheit zulassen und die Veränderungen, die die Freiheit mit sich bringt, akzeptieren, hängt von Ihrer Einstellung ab. Nicht jeder misst der Freiheit den gleichen Stellenwert bei. Was hat Freiheit bisher für Sie bedeutet? Vergessen Sie nicht: Viele von Ihnen werden Schuldgefühle gehabt haben, als sie anfingen sich frei zu fühlen. Wenn Sie keine Schuld empfanden, ist es auch in Ordnung. Für einige war das Gefühl der Schuld zu groß und Sie schoben das Gefühl der Freiheit von sich weg.

Die Trennung von den Eltern

Wenn Sie Waise werden, beendet die physische Trennung auch Ihre alltäglichen Interaktionen und Gespräche mit den Eltern. Diese physische Trennung von den Eltern hat emotionale und psychologische Konsequenzen. Ihr Bedürfnis, sich von Mami zu trennen, begann bereits in der Periode, die man als Trotzphase des Kleinkindes bezeichnet. In der Jugend kehrte der Trennungsdrang zurück, als Ihr Wunsch nach Eigenständigkeit stärker wurde. Jeder, der einen Teenager großgezogen hat, kennt den Kampf, den Teenager durchmachen müssen. Wenn Sie Waise werden, wird der Prozess der Individuation erneut wichtig. Ihre Antworten auf die folgenden Fragen geben einen Hinweis darauf, wo Sie stehen.

- Was denken Sie, wo Sie sich im Leben befinden? Welche Bereiche sollten Sie verbessern?
- Haben Sie das Gefühl, dass Ihre individuelle Natur zum Ausdruck kommen kann?
- Wenn Sie sich befreit fühlen, empfinden Sie es als vorteilhaft, diese Freiheit zu Ihrem Nutzen einzusetzen?

Forschung und populäre Sachbücher stellen fest, dass nach dem Tod der Eltern ein Entwicklungsschub möglich ist. Dieser Entwicklungsschub kann emotionaler oder psychologischer Natur sein. Die Entwicklungsforscher Miriam und Sidney Moss schreiben: „Dieser Entwicklungsschub ist aufschlussreich und bringt die Dinge auf den Punkt.[26] Er gibt Ihnen die Möglichkeit, dorthin zurückzukehren, wo Sie Ihre Reifeentwicklung zuletzt unterbrochen haben, und dort neu zu starten. Das ist die Magie der Neuentdeckung des Ichs."

„Mir war gar nicht bewusst, dass ich wieder dort anfing, wo ich aufgehört hatte. Ich hatte einfach das Gefühl, wieder zu wachsen, bewusster zu wachsen als jemals zuvor." (Margie, 53)

Für alle, die sich schuldig fühlen

Noch einmal: Es ist nicht ungewöhnlich, dass man sich schlecht fühlt, weil man sich gut fühlt. Viele Menschen berichten von starken Schuld- und Reuegefühlen, weil sie sich, scheinbar auf Kosten der verstorbenen Eltern, befreit fühlen.

„Zuerst dachte ich, dass es schrecklich sei, dass ich mich frei fühlte, ich hatte solche Schuldgefühle."

„Ich hatte Schuldgefühle, weil mein eigenes Leben sich weiterentwickelte."

„Ich fühlte mich schuldig, weil ich mich mit mir selbst beschäftigte und an mir selbst orientierte."

„Ich fühlte mich schuldig, weil ich das Leben genoss."

„Ich fühlte mich schuldig, weil ich mich von meinen Eltern löste."

„Ich fühlte mich schuldig, weil ich aus dem Tod meiner Eltern Nutzen zog."

„Ich fühlte mich schuldig, weil ich mich nicht schlechter fühlte oder zumindest nicht für längere Zeit ein einigermaßen schlechtes Gefühl hatte."

„Ich fühlte mich schuldig, weil ich mich der neuen Situation anpasste."

„Ich fühlte mich schuldig, weil ich mit dem Erbe meiner Eltern einen neuen Lebensstil annahm und ihn genoss."

Sie fühlen sich schuldig, weil Sie wachsen und eine Person werden, die Ihre Eltern nicht kannten. Sie fragen sich, wie Ihre Eltern über Ihre Entwicklung denken würden, ob sie Sie jetzt mögen würden. Es ist natürlich und weit verbreitet, ein wenig Schuld zu empfinden, aber Sie sollten nicht in diesem Stadium verweilen.

Schuldgefühle bekämpfen

Die Chance, das Leben zu erkunden und neue, eigene Entscheidungen zu treffen, ist offenbar mit seelischen Nöten verbunden. Doch das Bekämpfen dieser Schuldgefühle und die Entwicklung zu einem freien Menschen ist möglich, und die meisten Menschen können dieses Ziel auch erreichen. Stellen Sie sich die folgenden Fragen und schreiben Sie die Antworten in Ihr Notizbuch:

- Lebe ich in einer Kultur, in der persönliche Freiheit Anerkennung oder Wertschätzung genießt?
- Wuchs ich in einer Familie auf, in der persönliche Freiheit akzeptiert wurde?
- Wie waren meine Eltern gegenüber persönlicher Freiheit eingestellt?
- Wie würde ich selbst „Freiheit" definieren?
- Waren meine Eltern frei?
- Waren meine Großeltern frei?
- Welche Botschaft über die Freiheit habe ich meinen Kindern mitgegeben?
- Was hat mich meine Religion über die Freiheit gelehrt?

Das Fehlen von Schuldgefühlen

Ich fühlte mich:

- energiegeladen,
- beflügelt,
- inspiriert
- freudig erregt und/oder
- elektrisiert.

Folgende Beispiele beschreiben Menschen, die ihre Eltern verloren haben, keine Schuldgefühle empfanden und frei genug waren, um ihrem Enthusiasmus Ausdruck zu verleihen:

Bess, 20

„Ich war meinen Eltern verbunden und zwar meinem Vater mehr als meiner Mutter. Ich war immer um die Zustimmung meiner Eltern bemüht. Wenn man meine Eltern gefragt hätte, ob ich die Freiheit liebe, hätten beide mit ‚Ja!' geantwortet. Sie hätten hinzugefügt, dass ich immer meine eigenen Entscheidungen getroffen und getan habe, was ich wollte. Sie hatten keine Ahnung, wie stark ich mich innerlich selbst überwachte und meine Wünsche und Impulse steuerte."

Beau, 58

„Mein Vater warf mir immer vor, ich wüsste nicht, was ich wollte. Ich schwankte zwischen verschiedenen Berufswünschen und ich kann verstehen, dass ich ihm diesen Eindruck vermittelt habe. Aber wir hatten eine gute Beziehung. Er ließ mich laufen, bis ich von mir aus um Hilfe bat. Er war ein gutes Rollenvorbild für mich. Schließlich wurde mir klar, dass ich gerne Menschen helfe und ich wurde Berufsberater. Ich fühlte mich frei, diese Wahl zu treffen. Ich war sehr geschockt, als mein Vater starb. Ich hatte mich immer für einigermaßen freigeistig gehalten, aber die Freiheitsgefühle, die ich nach seinem Tod empfand, kann ich nur als elektrisierend beschreiben."

Nancy, 47

„Ich war meinen beiden Eltern ziemlich entfremdet: Ich dachte, eines Tages werden wir uns wieder näher kommen, aber das passierte nie. Nach dem College zog ich in die Stadt und kam nie mehr für längere Zeit zu meinen Eltern zurück. Ob ich mich nach ihrem Tod frei fühlte? Ja. Ich war nicht davon überwältigt, aber ich fühlte ganz sicher eine Befreiung von der Kindheit."

Befreiung von der Kindheit

Nancys Satz über die Befreiung ist wichtig. Egal, für wie frei Sie sich halten, sobald Sie nicht mehr jemandes Kind sind, werden Sie sich noch freier fühlen. Was Sie befreit, ist die Tatsache, dass Sie nicht mehr in einer Beziehung zu Ihren Eltern stehen. Auch das Ende einer Freundschaft oder einer Beziehung kann eine Befreiung sein, doch die Befreiung von den Eltern ist intensiver, weil die Eltern-Kind-Bindung einen sehr starken formenden Charakter hat.

Der Verlust einer grundlegenden Bindungsbeziehung unterscheidet sich deutlich von allen anderen Verlusten. Innerhalb dieser Beziehung sind Sie in einem Lern- und Anpassungsprozess zu dem geworden, was Sie heute sind. Die grundlegendste Aufgabe des Trauerns ist die Rekonstruktion einer neuen Identität, die zu Ihrem neuen Status passt. Sie sind nicht mehr die gleiche Person, die Sie vor Ihrem Verlust waren. Jetzt besteht die Möglichkeit, ein neues Ich oder neue Aspekte dieses Ichs zu entwickeln.

Dieser Entwicklung liegen mehrere natürliche Faktoren zugrunde:

- Der Instinkt, sich nach einem Verlust wieder zu erholen.
- Das Bedürfnis, Teile des verlorenen Elternteils zu verinnerlichen, um eine dauerhafte Verbindung sicherzustellen.
- Das Bedürfnis, den Verlust zu überwinden und Erfolg zu haben.
- Das Bedürfnis, mit Hoffnung weiterzuleben.
- Das Bedürfnis, sich selbst zu verwirklichen.
- Das Bedürfnis, der Herausforderung des Verlustes zu begegnen und daran zu wachsen.

Neuorganisation

Manchmal hilft es zu hören, welche Erfahrungen andere
Waisen mit dieser Situation gemacht haben. Es folgt eine Liste
von Beschreibungen, die oft verwendet werden, wenn es um
die Veränderung der eigenen Perspektive geht:

* „Ich habe mich selbst erneuert."
* „Ich wurde wiederhergestellt."
* „Ich habe Teile von mir zurückgewonnen."
* „Ich wurde neugeboren."
* „Ich habe mich neu organisiert."
* „Mein Ich wurde enthüllt."
* „Mein wahres Ich wurde geboren."
* „Ich wurde ein neues Ich."

Verwaiste Erwachsene wollen wieder spüren, dass sie ihr Leben
unter Kontrolle haben. Sie wollen aber nicht unbedingt wieder
so werden, wie sie vor dem Tod der Eltern waren, schon aus
dem Grund nicht, weil sie sich weiterentwickeln möchten. Sie
wollen nicht zurückkehren zu der begrenzten Version ihrer
selbst, die existierte, bevor ihre Eltern starben. Sie wollen sich
dem Verlust nicht ergeben und sie wollen sich nicht zurückent-
wickeln. Verwaiste Erwachsene verändern sich schon deshalb,
weil ihre Rolle und die Machtverhältnisse sich verändern.
Psychiatrische Lehrbücher beschreiben den Prozess der Trau-
erauflösung als eine Rückkehr zum „normalen Funktionieren". In diesem Stadium sollte die Vorstellung des normalen
Funktionierens allerdings die Möglichkeit einschließen, sich
zu verändern und Neues über sich herauszufinden. Dies ist der
beste Zeitpunkt, um der Versuchung „normal" zu sein, zu
widerstehen und stattdessen zu erkunden, was Sie einzigartig
macht.

Anpassung erfordert die Suche nach einer neuen Lösung für eine neue Situation. Anpassung bedeutet, neuen Umständen Rechnung zu tragen. Die Idee der Neuorganisation ist also passend. Sie legt nahe, dass Sie lernen, sich neu zu finden – jetzt, wo Sie keine Eltern mehr haben.

„Das betroffene Individuum wird genesen, indem es sein Leben neu plant und unabhängig wird", schreibt Colin Murray Parks.[27] Wandel ist natürlich und unumgänglich, wenn ein Elternteil stirbt und Sie allein zurücklässt.

Die Verarbeitung von Trauer ist nach George Pollack ein Entwicklungsprozess. Pollack beschreibt ihn als Prozess der Anpassung: „Ein Prozess, in dem Wandel, Schock, Stress und Verlust verarbeitet werden, um Kontinuität, Integration, Zusammenhalt, Überleben und zusätzliche Entwicklung aufrechtzuerhalten ... aus einem Darwinschen Prozess der natürlichen Selektion heraus, der universell, psychosozial und biologisch ist. Das Ergebnis ist ein zurückgewonnenes Gleichgewicht, obwohl es ein anderes als während des Ausgangsstadiums ist."[28]

Patricia, 46
„Ich war so traurig nach dem Tod meiner Eltern. Schon zu wissen, dass sie da waren, hatte mir Sicherheit vermittelt. Ich musste irgendetwas tun, um den Schock und den Verlust zu überleben. Also änderte ich mich und wurde zu jemandem, der sie nicht mehr brauchte. Zum ersten Mal in meinem Leben erkannte ich meine Unabhängigkeit an."

Das Geburts-Ich wieder finden

Es ist positiv, wieder Verbindung zum Geburts-Ich aufzunehmen. Damit erkennen Sie an, dass dieses Ich immer existierte, auch wenn es aus einer Vielzahl von Gründen lange Zeit verschüttet gewesen sein kann. Dieses Ich offen zu legen, kann auf Sie bedrohlich wirken, weil man verletzlich wird, wenn man bereit ist, anderen sein wahres Ich zu zeigen. Aber sein wahres Ich anzunehmen, ist ein Zeichen psychologischer Gesundheit. Authentizität vermittelt ein Gefühl der Stärke, Kompetenz und Ganzheit. Ihr wahres Ich darf aber auch verletzlich sein, unsicher, emotional und kreativ.

Beschreibung des wahren Ichs

„Während ich mein neues Ich kennen lerne, suche ich nach einer Möglichkeit, diesen Prozess der Selbstenthüllung zu beschreiben. Er geht langsam und schrittweise vor sich. Es ist mehr ein Fühlen als ein Denken. Ich kenne mich, wenn ich ruhig und meditativ bin. ‚Ich' ist das, was ich innerlich fühle. Ich bin flexibel und ruhe doch in mir. Ich bin anpassungsfähig und mir selbst treu."

„Mein Ich ist meine Wasserstelle, zu der ich gehe, wenn ich durstig bin."

„Mein Ich ist tief in mir, es leitet meine Handlungen und Gedanken."

„Mein Ich war meinen Blicken so lange verborgen, dass ich bezweifle, ob ich es erkennen würde. Ich habe so viele Rollen gespielt."

„Mein Ich ist ein Konzept, an dem ich seit langer Zeit arbeite. Es ist das wahre Ich und ich entdecke es, wenn ich mir die Frage stelle: ‚Was willst du?', und dann auf eine Antwort warte."

Es ist eine einzigartige Chance, in dieser Übergangsperiode des Lebens das wahre Ich zu finden. Es ist ein Segen, der eigene beste Freund, die eigene beste Freundin – oder sogar der eigene innere Vater oder die eigene innere Mutter zu werden. Dieser innere Freund oder innere Elternteil ermutigt Sie, immer mehr Gestaltungsmöglichkeiten für Ihr wahres Ich zu finden.

Das reife Ich kann Trauer in Wachstum verwandeln. Dieses Ich beginnt, das Leben neu zu bewerten und zu entscheiden, was wichtig und relevant ist. Wenn das wirklich Wichtige im Leben sichtbar wird, beginnt Ihr reifes Ich, die Dinge auszusondern, die einmal wichtig erschienen, die aber bei genauer Betrachtung an Bedeutung verlieren. Dieses Ich motiviert Sie, all die positiven Möglichkeiten, die diesem neuen oder rekonstruierten Ich zur Verfügung stehen, anzunehmen. In diesem Stadium Ihres Lebens werden die Türen sich scheinbar mühelos öffnen. Die Träume, die Sie bisher vielleicht unterdrückt haben, wollen erkundet werden, und die Ziele, die Sie sich selbst gesetzt haben, reifen zu voller Blüte heran. Das alles wird möglich durch die Arbeit, die Sie investiert haben, um durch den Trauerprozess hindurch zu einer fruchtbaren Zeit des Wachstums zu finden.

Nicht mehr die Schuld bei anderen suchen

Waise zu sein heißt, dass Sie nur sich selbst für Ihre Probleme verantwortlich machen können – niemand anderen. Das ist vielleicht der beste Weg, um zu begreifen, dass Sie endlich erwachsen sind. Wenn man niemanden mehr hat, dem man die Schuld zuschieben kann, muss man erwachsen werden. Sie haben jetzt die Gelegenheit, die volle Verantwortung für Ihr Leben zu übernehmen.

Mattie, 56
„Meine größte Veränderung war psychologischer Art. Ich verlor die Möglichkeit, mir von meinen Eltern helfen zu lassen, ihre Güte anzunehmen und weiter Kind zu sein. Jetzt musste ich alles selbst machen, gute Entscheidungen treffen, meinen Lebensunterhalt verdienen und die Verantwortung dafür nicht jemand anderem zuschieben. Es war schwierig, aber ich war entschlossen, es zu schaffen."

Beziehungen verändern sich

Als verwaister Erwachsener fühlen Sie sich einsam, deshalb spielen Beziehungen in Ihrem Leben eine große Rolle. Freundschaften und die Menschen, die Sie lieben, werden Ihnen wichtiger als zuvor. Sie werden Ihr neues Unterstützungsnetzwerk sein. Damit Sie sich nicht einsam fühlen, sollten Sie versuchen, Freundschaften und Beziehungen mehr Zeit und Energie zu widmen. Vielleicht wird auch die Beziehung zu anderen Familienmitgliedern enger. Es gibt oft eine Tendenz und ein Bedürfnis, den Familienzusammenhalt zu stärken. Eine weitere Möglichkeit ist, andere Waisen zu kontaktieren; sie eignen sich besonders gut für neue Bindungen, weil sie ähnliche Erfahrungen gemacht haben.

Vielleicht stellen Sie fest, dass Sie sich als Waise intensiver um Ihren Freundeskreis kümmern. Der Tod der Eltern bietet eine Gelegenheit, enger an Familienmitglieder und Freunde heranzurücken. Eine Studie von Andrew Scharlach und Karen Fredriksen ergab, dass 42 Prozent der Befragten von engeren Bindungen an Freunde und 35 Prozent von engeren Bindungen an Familienmitglieder nach dem Tod der Eltern sprachen.[29]

Erlauben Sie sich, diese Veränderungen in Familie und Freundeskreis zu akzeptieren – es spiegelt die Tatsache, dass Sie den Tod der Eltern und Ihren neuen Status akzeptieren. So unmöglich es sich manchmal anfühlt, Ihr Leben hat sich jetzt verändert. Es ist sehr wichtig, dass Sie sich von anderen unterstützen lassen. Ihre Gefühle und Bedürfnisse ändern sich und werden sich im Laufe der Zeit weiter verändern. Seien Sie bereit, sich diesen Veränderungen anzupassen. Am wichtigsten ist es, darauf zu vertrauen, dass diese Veränderungen letzten Endes zu Ihrem Wachstum als Individuum beitragen.

Erforschen Sie Ihr Innerstes

Reue und Zweifel sind Zwillinge, die uns den Tag stehlen.

ROBERT HASTINGS

Jetzt ist die Zeit gekommen, mit Ihrem tiefsten Inneren in Verbindung zu treten. Sie haben gelesen, was mit Ihnen geschehen *kann.* Jetzt ist es an der Zeit darüber nachzudenken, was geschehen *wird.* Nach der ersten tiefen Trauer können Sie damit beginnen, die Veränderung in Ihrem Leben zu bewerten. Wenn Sie sich der Trauer nicht verschließen, dann stehen Ihnen auch alle Möglichkeiten offen, Ihr Leben neu zu entdecken, neu zu besitzen und neu zu gestalten. Um die Trauer vollständig zu erfahren, können Sie beispielsweise ein Tage- oder Notizbuch führen, in dem Sie Ihren persönlichen Trauerprozess beschreiben. Ein solches Logbuch hält die Hochs und Tiefs Ihrer Gefühle und der Art, wie Ihre Emotionen Ihr Leben beeinflussen, fest und macht Ihnen Veränderungen bewusst.

Mögliche Themen für Ihr Tage- oder Notizbuch
Der Prozess der Erneuerung verläuft für jeden Menschen
anders, aber es gibt gemeinsame Elemente. Hier sind einige
zentrale Fragen, denen Sie sich widmen sollten:

- Haben Sie ausreichend Unterstützung bekommen, Ihren
  Verlust zu bewältigen?
- Wenn nicht: Haben Sie Hilfe gesucht, um mit der Situati-
  on fertig zu werden?
- Haben Sie den Eindruck, dass Sie jetzt anders fühlen?
  Wenn ja, wie?
- Haben Sie das Gefühl, dass Ihre Identität sich verändert
  hat?
- Wie haben Sie den Verlust in Ihr Leben integriert?

Suchen Sie nach einer Verbindung zwischen dem Verlust
der Eltern und den Neuanfängen in Ihrem Leben. Wachstum und Erneuerung können sowohl in Ihrem äußeren als
auch in Ihrem inneren Leben stattfinden. Es beginnt damit,
dass Sie die Teile Ihres Ichs, die Sie vielleicht zu Lebzeiten
Ihrer Eltern unterdrückt haben, neu bewerten. Diese Teile
sind jetzt vielleicht bereit, hervorzukommen.

An diesem Punkt im Leben ist für jeden Menschen eine
Veränderung möglich. Es gibt verschiedene Arten von persönlicher Transformation. So kann sich zum Beispiel für jemanden, der im Erwachsenenalter noch von seinen Eltern abhängig war, die Möglichkeit bieten, Unabhängigkeit und Selbst-
ständigkeit zu gewinnen. Jemand, der bereits sehr unabhängig
von seinen Eltern lebte, kann als verwaister Erwachsener
vielleicht die kreative Seite seiner Arbeit ausdehnen oder etwa
die Chance ergreifen, befriedigendere persönliche Beziehungen aufzubauen. Der oder die Betroffene könnte auch zu der
Auffassung gelangen, dass es nun an der Zeit sei, diejenigen
Charakterzüge an sich selbst zu akzeptieren, die er oder sie mit

dem verstorbenen Elternteil gemeinsam hat. Die folgenden Beispiele zeigen, was ich damit meine.

Frances, 49

Frances war immer ein „braves Mädchen" gewesen. Sie war gut in der Schule, wurde Krankenschwester, half den Menschen und ertrug einen Ehemann, der sie schlecht behandelte, „der Kinder wegen". Als ihre Eltern krank wurden, trug sie in der Familie die Hauptlast der Pflege. Sie kochte für die Eltern, fuhr sie zu verschiedenen Terminen und war dafür verantwortlich, zusätzliche Helfer zu engagieren, wenn es nötig wurde.

Frances war auch selbst sehr von ihren Eltern abhängig. Sie besprach ihre persönlichen Probleme mit ihnen und sagte oft, sie würde lieber zu ihnen nach Hause kommen, als weiter mit ihrem schwierigen und launischen Mann zusammenzuleben. Sie kochte sonntags und lud ihre Eltern regelmäßig zum Essen ein. Ihre Eltern hüteten die Kinder und waren Frances ein emotionaler Rückhalt.

Ihr Ehemann beschwerte sich oft, dass Frances den Eltern zu nahe stehe, und diese Nähe sorge auch für Probleme in der Ehe. Er warf ihr vor, sie sei nie völlig erwachsen geworden und gab ihr die Schuld an allen Eheproblemen.

Als ihre Eltern beide starben, durchlief Frances eine Zeit der Anpassung. Eines Tages machte sie eine Liste aller Dinge, die sie in ihrem Leben störten, und sie beschloss, diese Schritt für Schritt zu ändern. Nach diesem Entschluss folgte eine Zeit der Tatenlosigkeit. Es ist natürlich, Veränderungen mit gemischten Gefühlen gegenüberzustehen. Ganz oben auf ihrer Liste stand ihr persönliches Leben: Sie wollte sich scheiden lassen. Sie hatte das Gefühl, dass es ihre Pflicht war besser zu leben und das konnte nur getrennt von ihrem Ehemann, der Alkoholiker war, geschehen. Sie wollte auch eine berufliche

Veränderung und ein höheres Einkommen. Ihre kleine Erbschaft gab ihr ein Stück wirtschaftliche Unabhängigkeit, die ihr half, die gewünschten Veränderungen umzusetzen. Außerdem wurden die Kinder älter und waren besser in der Lage, mit Veränderungen im Leben ihrer Mutter, die auch ihr Leben betrafen, fertig zu werden.

Maurice, 47

Maurice wuchs in Michigan auf und zog nach dem College-Abschluss an die Westküste. Er heiratete eine Frau, die er kurz nach dem Umzug kennen gelernt hatte, und sie bekamen drei Kinder. Er kam aus einer großen Familie und obwohl er nicht oft nach Hause fuhr, telefonierten er, seine Frau und die Kinder wöchentlich mit seinen Eltern. Als seine Kinder mit der Highschool fertig waren, schlug er ihnen vor, in seiner Heimatstadt aufs College zu gehen, um seiner Großfamilie näher zu sein. In vielerlei Hinsicht lebte Maurice ziemlich unabhängig von seiner Familie. Doch als er Waise wurde, geschah eine, wie er es nannte, ziemlich merkwürdige Sache. Ganz plötzlich verspürte er das Bedürfnis, wieder in seine Heimatstadt zurückzukehren. Er wurde von Gefühlen überwältigt, die ihn drängten, zu seinen Wurzeln zurückzukehren. Bevor er seine Entscheidung traf, beschloss Maurice, sich psychologischen Rat zu holen. Letzten Endes zog Maurice mit seiner Familie zurück nach Michigan und zwar mit der Absicht, näher bei seinen Angehörigen zu sein. Mit der physischen Rückkehr in seine Heimatstadt intensivierte Maurice auch seine Familienbeziehungen.

Das Bedürfnis nach Bewegung

Es gibt ein Sprichwort, das sagt: „Die Natur duldet kein Vakuum." Anders ausgedrückt: Es muss Bewegung im Leben geben. Die Vorstellung einer Veränderung erscheint vielen Menschen bedrohlich, und doch wissen wir alle, dass das Leben aus vielen Veränderungen besteht, großen ebenso wie kleinen. Manche Veränderungen sind wünschenswert, wie das Aufwachsen und die Entwicklung der Kinder. Andere Veränderungen, wie das Altwerden, Scheidung, Umzüge und Tod, gelten als unerwünscht. Einige von Ihnen werden Veränderung und Wachstum als positive Ereignisse betrachten, andere vielleicht nicht. Einige von Ihnen werden sich leichter mit Veränderungen abfinden als andere.

Ein Leben in Bewegung

Nach dem Verlust der Eltern erleben Menschen ganz unterschiedliche Formen von Veränderungen und Wachstum. Einige Menschen schätzen Wachstum mehr als andere, doch die meisten würden wohl zustimmen, dass ein reiches Leben durch beständiges persönliches Wachstum noch reicher wird.

Mögliche externe Veränderungen sind:

• physische Veränderungen des Körpers,
• Veränderungen des Umfelds,
• Veränderungen des Heims,
• Veränderung der beruflichen Situation,
• Veränderungen der allgemeinen Lebensumstände,
• Wechsel des Lebenspartners,
• Veränderungen der Lebensweise, wie etwa früher oder später aufzustehen.

Mögliche interne Veränderungen sind:

- Veränderung der Gefühle und Gedanken,
- Veränderung der Einstellungen, Überzeugungen, Werte und Weltsicht,
- Veränderung des Verhaltens,
- Veränderung von Plänen,
- Veränderte Bedeutung einer Beziehung,
- Veränderung der Ansichten über Leben, Tod und Sterblichkeit,
- Veränderung der Prioritäten,
- Veränderung des religiösen oder spirituellen Lebens.

Mike, 35

Mike verließ seine Heimatstadt kurz nachdem er Waise wurde und zog aus geschäftlichen Gründen nach New York. „Ich wusste gar nicht, dass das Leben so erfüllt sein kann. Mir ging es zu Hause gut, aber schauen Sie mich jetzt einmal an. Hier bin ich in einer riesigen Stadt auf der Suche nach neuen Chancen für mein Geschäft und für mein Leben. Manchmal ist es ein wenig verunsichernd, aber im Großen und Ganzen fühle ich mich stark, selbstbewusst und entschlossen, Erfolg zu haben."

Marsha, 46

Nach dem Verlust der Eltern färbte Marsha ihre Haare rot und wurde Sexualtherapeutin. „Warum sollte ich noch versuchen, normal zu sein, sagte ich mir. Normal ist langweilig. Ich wollte schon immer ein aufregendes Leben führen, aber irgendwie konnte ich es nicht, solange meine Eltern da waren. Ich wollte immer einem bestimmten Bild entsprechen, von dem ich dachte, dass sie es von mir hätten. Jetzt kann ich sein, wer ich will."

Matt, 57

Matt verkaufte alles, was er hatte, trat in das Peace Corps ein und ging nach Indien. „Ich war schon immer sehr spirituell gewesen, aber ich war der älteste Sohn und meine Mutter lebte bei mir. Als sie starb, war ich frei, mein Leben anderen zu widmen und der Philanthrop zu sein, als den ich mich immer gesehen habe."

Die Ethik des Glücks

Es gibt einen Prozess, der bei den griechischen Philosophen „eudaimonía" – die Blüte des Menschen – hieß. Eudämonie lässt sich nur unzulänglich ins Deutsche übersetzen, oft wird es mit „Glückseligkeit" und „Wohlbefinden" umschrieben. Glück gilt den Eudämonisten als universelles Hauptziel, resultierend aus einem aktiven Leben, das vom Verstand gesteuert wird. Es handelt sich um ein ethisches System, das den moralischen Wert von Handlungen danach bemisst, inwieweit sie persönliches Glück herstellen können.

Können Sie sich mit dem internen Bedürfnis nach Wachstum und Entfaltung identifizieren? Dieses Bedürfnis ist nicht so offensichtlich wie andere Bedürfnisse, etwa nach Nahrung, Schutz, Sex oder menschlichem Kontakt. Doch es ist genauso wichtig. Es ist nicht so deutlich spürbar wie das Bedürfnis, ein Dach über dem Kopf zu haben, doch ein erfülltes Leben ist nur möglich, wenn das Ich durch Selbsterkenntnis, Ausdruck der eigenen Persönlichkeit und das Umsetzen positiver Veränderungen seine Integrität wahrt. Wachstum tritt vor allem in Zeiten großer Übergänge auf, zum Beispiel nach der Geburt eines Kindes oder dem Tod der Eltern. Wir wissen alle, dass eine Geburt ein freudiges Ereignis ist – aber wir unterschätzen oft die Kraft des Verlustes, die eine Wiedergeburt einleiten kann. Wachstum und Entfaltung sind Konzepte, die wir oft auf

das Kindesalter beschränken, dabei haben wir ein Recht
darauf, uns unser ganzes Leben lang zu entfalten und weiterzuentwickeln.

Freude finden

Beantworten Sie die folgenden scheinbar einfachen Fragen
in Ihrem Notizbuch oder auf einem Blatt Papier so ehrlich
und so vollständig Sie können. Dann warten Sie einen oder
zwei Tage. Lesen Sie die Antworten nochmals durch und
überlegen Sie, was Sie hinzufügen können:

- Achten Sie auf sich und fördern Sie sich selbst – so, wie Sie
  es bei anderen tun?
- Bei welchen Aktivitäten fühlen Sie sich lebendig?
- Was bringt Ihnen ein Gefühl der Zufriedenheit?
- Was gibt Ihnen Befriedigung?
- Wann fühlen Sie sich glücklich?
- Empfinden Sie Freude?
- Glauben Sie, dass Sie es verdienen, sich gut zu fühlen?

In unserer Kultur genießen Arbeit und Anstrengung ein so
hohes Ansehen, dass man leicht vergessen kann, wie wichtig es
ist, daneben auch Freude und Gutes zu erfahren. Freude mag
keine harte Währung sein, aber sie macht den Tag lebenswert.
Der sinnliche Aspekt des Lebens, das, was sich „gut" anfühlt,
wird oft als hedonistisch und damit schlecht angesehen, doch
er ist unverzichtbar für ein ausgewogenes und befriedigendes
Leben. Das Sinnliche sorgt – und das ist alles andere als *schlecht*
– neben der Freude, die es vermittelt, auch noch für Kreativität
und Inspiration.

Wenn man Waise wird, ist die Zeit gekommen, Bilanz für
sich selbst und sein Leben zu ziehen. Der Verlust der Eltern im
mittleren Alter verstärkt innere Regungen, die ohnehin schon
normale Begleiterscheinungen dieses Alters sind, und die uns
veranlassen, uns selbst und das was uns wichtig ist, neu zu

bewerten. Was wir früher für wichtig hielten, kann verblassen und anderes an seine Stelle treten.

Ihr Leben bietet unzählige Möglichkeiten. Als ich ein junges Mädchen war, sagte man: Das Leben ist ein Tisch voller köstlicher Speisen. Nimm, was du möchtest! Wenn Sie im mittleren Alter Ihre Prioritäten im Leben überdenken, werden Sie Ihr Wohlbefinden als Wert an sich schätzen lernen.

Die guten Dinge im Leben neu entdecken:

*   „Es gibt etwas in mir, das ich schätze und das ich mit der Welt teilen möchte."
*   „Es gibt etwas in mir, dem ich Ausdruck verleihen möchte."
*   „Es gibt etwas in mir, das schön und besonders ist, und es gehört nur mir."
*   „Es gibt etwas in mir, das herauskommen möchte."
*   „Ich fing an Spaß zu haben und ich wollte lachen. Ich erfreute mich an meiner Familie und besonders an meinen Kindern. Ich schaute in den Spiegel, in mein eigenes Gesicht, und sagte: ‚Ich muss jetzt gut leben.'"
*   „Die Zeit verrinnt, ich muss mich ein wenig amüsieren. Ich will mich jetzt gut fühlen! Ich war so deprimiert nach Mamas Tod."
*   „Werde ich jemals wieder Spaß haben? Ich fühle mich schuldig."
*   „Ich will die Dinge tun, die ich liebe und die mir etwas bedeuten."
*   „Ich will ein besseres Sexualleben haben."
*   „Ich will besser aussehen."
*   „Ich will noch einmal ganz von vorn anfangen."
*   „Ich will nach den Sternen greifen."
*   „Wie viel Zeit bleibt mir noch für ein gutes Leben?"
*   „Ich habe nur dieses Leben ... und das muss jetzt gut werden."

- „Das war's! Ich habe keine Zeit mehr zu verschenken."
- „Egal, ob es mir vorher bewusst war oder nicht: Ich habe ein Bedürfnis nach Freude, das jetzt erwacht ist, und ich respektiere sein Recht zu existieren und sich zu artikulieren."

Wenn die Beziehung zu Ihren Eltern eher negativ war, dann ist Ihnen die Wahrheit über sich selbst vielleicht noch nicht bewusst: Sie haben noch nicht verinnerlicht, dass Sie wirklich in Ordnung sind und dass Sie den Reichtum und die Freuden des Lebens verdienen. Hier sind einige Möglichkeiten, diese Einsicht bei sich selbst zu fördern und zuzulassen.

Meine Glücksethik
Um sich an die Richtigkeit von Veränderungen und das reale Bedürfnis nach Glück zu gewöhnen, versuchen Sie, das Folgende für sich zu wiederholen, immer dann, wenn Sie den Eindruck haben, in eine Sackgasse geraten zu sein. Ich nenne das: „Die Veränderungsmuskeln trainieren."

- „Ich bin in Ordnung."
- „Ich bin liebenswert."
- „Ich kann und ich will etwas verändern."
- „Veränderung ist etwas Gutes."
- „Die Veränderung wird mich glücklicher machen."
- „Die Veränderung wird meine Familie glücklicher machen."
- „Veränderungen sind ein natürlicher Teil des Lebens."
- „Ich brauche Glücksgefühle."
- „Ich kann und werde mein Glück mit anderen teilen."
- „Ich muss das tun, was mich glücklich macht."
- „Ich muss andere glücklich machen."
- „Glück ist wichtig für mein Wohlbefinden."

Mit den folgenden Themen werden Sie sich beschäftigen müssen, bevor Sie wirklich verinnerlicht haben, dass Glück Ihr gutes Recht ist, und bevor Sie sich die Ziele setzen, die Sie dieses Glück erreichen lassen:

- „Ich verdiene es, meiner Persönlichkeit Ausdruck zu verleihen."
- „Ich verdiene es, mich selbst zu lieben."
- „Ich verdiene es, mehr vom Leben zu haben."
- „Ich verdiene es, die Grenzen, die meine Eltern mir gesetzt haben, zu überschreiten."
- „Ich verdiene es, mich selbst zu befreien."
- „Ich verdiene es, ohne Schuldzuweisung zu leben."
- „Ich verdiene es, ‚Ich' zu sein."
- „Ich verdiene es, die Stimmen meiner Eltern verklingen zu lassen und meiner eigenen Stimme zuzuhören."

Was hält Sie zurück?

Schreiben Sie in Ihr Notizbuch sieben Einstellungen, die Sie in der Vergangenheit daran gehindert haben, diese Ideale zu erreichen. Wenn es Ihnen schwer fällt, sieben Hinderungsgründe auf einmal zu finden, dann versuchen Sie ein paar Tage lang, sich jedes Mal eine Notiz zu machen, wenn Sie einer Einstellung begegnen, die Sie einschränkt.

Hören Sie nicht auf die negativen Stimmen und wählen Sie die Freiheit

Wenn Sie Ihre eigene angeborene Freiheit finden wollen, müssen Sie zuerst verstehen, wie wichtig Freiheit ist. Sie müssen sich vielleicht von einer inneren Stimme befreien, die „Nein!" sagt oder: „Ich habe Angst." Das Beispiel von Sam, der 40 war, als sein Vater starb, zeigt, was es bedeuten kann, einen extrem kritischen Vater zu haben. Hier ist Sams Geschichte:

„Am besten erinnere ich mich an die Autorität meines Vaters. Er hatte immer Recht. Ich hatte das Gefühl, dass ich nie etwas über mich oder meine Überzeugungen sagen konnte. Irgendwie schloss Vater mich aus. Er war so eingefahren in seiner Art. Er kritisierte einfach alles im Leben, auch seine Kinder. Ich dachte immer, er könnte uns mal eine Pause gönnen, aber nein, das tat er nie. Er hatte für alles ein Rezept und sein Rezept war immer das richtige.

Und jetzt wo er gestorben ist, wie soll ich da plötzlich anders werden und mich anders fühlen? Ich bin ein Produkt seiner Umgangsformen. Ich habe viele seiner Einstellungen und Verhaltensweisen verinnerlicht. Ich fühle mich lausig mir selbst gegenüber. Ich habe keine Motivation mich zu verändern. Ich weiß gar nicht, ob es ginge. Ich will einfach so weiterleben, wie es am bequemsten ist. Schon allein über Veränderungen nachzudenken, ist wie auf heißen Kohlen zu laufen. Ich denke einfach nicht daran."

Sam steckt in seinen negativen Gefühlen fest. Er hat die Art und Weise der Kritik seines Vaters als richtig akzeptiert und ist nun zu seinem eigenen Kritiker, Richter und Ankläger geworden. Sam ist darauf festgelegt, sich auf eine bestimmte Weise zu sehen. Er wird sich vielleicht niemals ändern, vor allem deshalb nicht, weil er selbst es für unmöglich hält.

Roberta (47) hat eine ähnliche Geschichte. Sie ist jemand mit vielfältigen Interessen und Talenten, aber ohne Ambitionen. Sie hatte sich damit arrangiert, ein kleines Leben zu führen und wollte nichts von anderen Möglichkeiten wissen. Robertas Vater starb, als sie jung war, und sie wuchs mit ihrer Mutter auf, die unter Depressionen litt. Ihr Leben war weder reich noch erfüllt. Ihre Mutter verdiente kaum den Lebensunterhalt und sie kamen mit Mühe über die Runden. Roberta ging sofort nach der Highschool von zu Hause fort und begann als Sekretärin zu arbeiten. Sie beschrieb ihre Ehe und Ihr Leben als „gewöhnlich". Als ihre Mutter starb, „war das kein großes Ding". „Ich war immer unabhängig, also hat sich nicht viel geändert." Als ich sie bat, ihr inneres Leben zu prüfen, lächelte sie und fragte: „Habe ich denn eins?" Roberta hat ein inneres Leben, aber sie hat sich entschieden, es zu verbergen. Jeder hat ein inneres Leben, aber man muss ihm Gehör schenken. Ihr inneres Leben hängt davon ab, wie gut Sie es fördern. Sie müssen darauf reagieren, es entwickeln, es anleiten und es nähren, als ob es Ihr innerer Garten sei. Voltaires Candide bemerkte wissend: „Wir müssen unseren Garten bestellen." Jeder von uns ist für sein inneres Wachstum verantwortlich. Ein kultiviertes Innenleben bringt die wundervollsten Früchte hervor, aber es braucht Zeit, ein Gefühl dafür zu entwickeln, was das eigene individuelle Innenleben motiviert und nährt.

Zum Glück sind die meisten von Ihnen nicht wie Roberta. Je mehr man fordert und je mehr man erarbeitet, um so mehr wird man auch erreichen. Jeder von uns hat einen inneren Kritiker, aber anders als Roberta haben die meisten von uns die Entschlossenheit und den Mut, dieser kritischen inneren Stimme entgegenzutreten. Bei einigen ist dieser Kritiker in vielen Bereichen des Lebens aktiv und er nimmt viel Zeit in Anspruch. Andere bringen den inneren Kritiker mit einer bewussten Anstrengung zum Schweigen und halten ihn auf Distanz. Oftmals ist der innere Kritiker das Echo der Stimme eines Elternteils, manchmal auch von beiden. Dieser innere Richter hat die gleichen Auswirkungen auf Ihr Verhalten wie die Kritik und die Forderungen Ihrer Eltern. Die meisten von Ihnen werden mir zustimmen, dass das Resultat dieser Kritiker ist, dass man am Ende gar nichts tut.

Maxine, 52

„Meine Mutter sagte immer: ‚Das kannst du nicht machen!', wenn ich angesichts eines neuen Abenteuers zu aufgeregt wurde. Sie wollte, dass ich ruhig, vorsichtig, praktisch und vernünftig blieb. Sie selbst ging niemals Risiken ein und sie fühlte sich von einer Tochter, die das tat, bedroht."

Bruce, 54
„Mein Vater kritisierte mich ständig. Ich wusste nie, ob ich klug war oder nicht. Er gab mir keinerlei Ansporn und ich hatte das Gefühl, dass er nicht glaubte, ich werde je etwas aus mir machen."

Pam, 50
„Ich fühlte mich immer kritisiert. Egal, wie sehr sie mich liebten, ich hatte immer das Gefühl in der Kritik zu stehen. Jetzt trage ich diese Kritik immer noch mit mir herum und das kann einem wirklich jeden Mut nehmen. Eigentlich ein Wunder, dass ich überhaupt funktioniere."

Ihre kritische Stimme
Nutzen Sie die Gelegenheit, die folgenden Fragen in Ihrem Notizbuch zu beantworten:

- Können Sie die kritische Stimme Ihrer Eltern identifizieren?
- Haben Sie sich die kritische Stimme Ihrer Eltern zu eigen gemacht?
- Können Sie Ihre eigene Stimme identifizieren?
- Können Sie Ihre eigene Stimme von der der Eltern unterscheiden?

Ihre kritische Stimme wird sich im Stadium nach dem Tod der Eltern wahrscheinlich oft zu Wort melden. Wenn Sie versuchen, sich zu befreien, werden Sie mit Sicherheit auf Hindernisse wie Schuldgefühle, Angst, Blockaden, Widerstand und Selbstkritik stoßen. Bei diesem Prozess der Selbstentdeckung ist es wichtig, dennoch offen zu bleiben, den negativen Gefühlen Raum zu geben und sie dann loszulassen, während Sie weiterhin offen bleiben für Wandel und Weiterentwicklung.

Fort- und Rückschritte

Während Sie sich Ihrem Ziel nähern, kann es zu Konflikten kommen. Wenn Ihr inneres Denken durch eine kritische Stimme behindert wird, ist das Umsetzen positiver Veränderungen und Entscheidungen ein Kampf. Wenn das geschieht, werden Sie feststellen, dass Sie sich von Ihrem Ziel entfernen. Das ist ganz normal. Wachstum hat zwei Seiten, die eine ist Bewegung auf das Ziel hin, die andere ist Bewegung vom Ziel weg. Beide Seiten wechseln sich beständig ab. Seien Sie nicht überrascht, entmutigt oder verblüfft, wenn das wie Tatenlosigkeit aussieht: Das ist es nicht. Es ist lediglich Teil einer natürlichen Abfolge von Vorwärts- und Rückwärtsbewegungen.

Grant wurde mit 48 Jahren Waise. Er sprach eloquent über diese Wechselbeziehung von Erfolgen und Rückschritten:

„Zuerst war ich total verwirrt, weil es nach Stagnation aussah. Ich hatte monatelang an mir gearbeitet, um einige Dinge in meinem Leben zu verändern. Ich hatte mich entschieden, nach dem Tod meines Vaters nach einem anderen Job Ausschau zu halten. Ich hatte ein wenig Geld geerbt, das es mir erlaubte, meine Stelle zu kündigen, und meine Brüder, die beide ebenfalls im Unternehmen meines Vaters arbeiteten, entschieden sich, mich auszubezahlen.

Ich war frei und konnte tun, was ich wollte. Ich hatte nie das Gefühl gehabt, dass es für mich das Richtige war, im Familienunternehmen mitzuarbeiten. Ich wollte Therapeut sein. Ich forderte bergeweise Informationsmaterial von verschiedenen Schulen an und als ich es erhielt, tat ich wochenlang überhaupt nichts. Ich wunderte mich

selbst über meine Antriebslosigkeit. Ich sprach mit
meiner Frau darüber, die sagte, dass ich vielleicht
innerlich gar nicht an die Uni gehen wolle. Doch tief in mir
drin wusste ich, dass ich es wollte. Ich tat weiterhin
nichts. Ich fragte mich, ob meine Blockade teilweise mit
Schuldgefühlen zu tun hatte, weil ich das Familienunternehmen verließ, oder einfach mit der Angst, ob ich es
wirklich allein schaffen konnte. Ich spürte einen Widerstand.
Es war ein großer Schritt für mich. Wann immer ich
konnte, sammelte ich Kraft und ging meinen Weg weiter.
Ich füllte die Formulare aus und schickte sie zurück. Das
war das größte Hindernis für mich. Später kamen Gefühle
des Zweifels, aber die waren leichter zu überwinden und
führten nicht zu solch langen Perioden der Untätigkeit. Es
kostete mich viele Monate, den Mut aufzubringen, bevor
ich meine Bewerbung losschickte, aber ich tat es. "

Grant war in der Lage, mit der Wechselbeziehung von Fort-
und Rückschritten umzugehen. Er erreichte schließlich, was er
sich vorgenommen hatte, weil er sich weigerte, dem Rückschritt nachzugeben. Die Menschen, die ich im Folgenden
beschreibe, haben nicht so viel Glück gehabt, zumindest noch
nicht:

Maureen, 58
Maureen fühlte sich, nachdem sie Waise geworden war,
wie gelähmt. „Ich hatte mir immer geschworen, dass ich
mich endlich mal um mich selbst kümmern würde, wenn
die Kinder die Schule beendet hätten und meine Eltern
nicht mehr da wären. Ich wollte abnehmen, mich besser
anziehen und mehr auf mein Aussehen achten. Das alles
passierte nicht. Aus irgendwelchen Gründen nahm ich zu,
nachdem Mutter gestorben war – und zwar deutlich. Das
war wirklich komisch, weil es genau das Gegenteil von

dem war, was ich zu wollen glaubte. Es ist schon ein Jahr her und ich bin noch immer dicker als je zuvor."

Ron, 44
Ron war 15, als er seine Mutter verlor, und 37, als sein Vater starb. Nach dem Tod des Vaters verlor er jegliche Initiative. Er hörte auf, über den Vater zu sprechen. Er ging zur Beerdigung, aber nicht an das Grab des Vaters. Ron entwickelte ein sehr verbreitetes Muster im Umgang mit Trauer. Er verweigerte sich einfach. Er unterdrückte seine Trauer und verlor dadurch die Chance, sich zu entwickeln und zu wachsen. Ron blieb stecken, wo er war.

Sie können in sich hineinblicken und große Fortschritte in Ihrem persönlichen Wachstum machen – oder Sie können sich dafür entscheiden, nichts zu tun. Diese Wahl muss jeder für sich treffen. Es gibt viele Menschen, die sich dafür entscheiden, nicht zu tief in sich hineinzublicken und die deshalb die Chance vergeben, die diese fruchtbare Periode für Sie bereithält. Es gibt keine richtige oder falsche Methode zu trauern; doch die Art, wie man trauert, bleibt nicht ohne Folgen. Wer sich dafür entscheidet, ein reflektiertes Leben zu führen, wird reichen Lohn ernten und sehen, dass ein Leben voller Möglichkeiten auf ihn wartet.

Neues wagen

Wer etwas Neues ausprobiert, wird für mutig gehalten. Risiken einzugehen ist vielen Menschen unheimlich. Der Verlust der Eltern verändert Ihre Identität. Die Annahme liegt nahe, dass es die denkbar ungeeignetste Zeit ist, auch noch selbst Veränderungen vorzunehmen. Doch die wichtigste Aussage dieses Buches ist, dass es im Gegenteil eine der fruchtbarsten und aufregendsten Zeiten im Leben ist. Einige Betroffene, mit denen ich in Interviews oder Therapiesitzungen sprach, haben wichtige Dinge zum Thema gesagt:

> „Ich hätte nie gedacht, dass ich das erreichen kann, was ich erreicht habe. Ich fühle mich so gut mit meinem neuen Leben."

> „Es ist wirklich schade, dass ich nicht das Kind meiner Eltern und Waise zur gleichen Zeit sein konnte, mein Leben ist jetzt so reich."

> „Ich hätte diese Veränderungen nicht ohne die Unterstützung meines Ehepartners und der Kinder erreicht."

> „Ich habe oft an meinen Fähigkeiten gezweifelt, aber ich habe etwas riskiert und alles ist so ausgegangen, wie ich es mir gewünscht habe."

> „Ich würde empfehlen, sich zu ändern und neue Dinge auszuprobieren, wo es angebracht erscheint."

> „Der Verlust meiner Eltern war sehr groß, aber die neuen Dinge, die ich versuchte, und die neuen Ziele, die ich mir setzte, waren wie ein unerwarteter Schatz."

> „Der Verlust der Eltern ist bittersüß, man verliert seine Vergangenheit und gewinnt die Zukunft."

Wer ist das authentische Ich?

In Kapitel 3 habe ich das Geburts-Ich beschrieben, ein Konglomerat von Bedürfnissen, Neigungen, Energiesystemen, Persönlichkeitsmerkmalen und Potenzial. Das Geburts-Ich ist auch eine Quelle der Motivation und gibt neue Anreize. Stellen Sie sich Ihr frühestes Ich als den authentischsten Teil Ihrer selbst vor. Viele Menschen glauben, dass das früheste Ich ihre Seele ist, etwas, mit dem sie geboren werden und das zeigt, wer sie wirklich sind. Die folgenden Aussagen sind Versuche, dieses innere Ich zu beschreiben.

„In mir fühle ich etwas, das alles regiert."

„Wenn ich ruhig bin, fühle ich meinen Kern."

„Ich erinnere mich nicht mehr, wann ich anfing, auf meine innere Stimme zu hören, aber als ich es tat, fühlte ich mich ehrlicher."

„Ich habe ein inneres Zentrum, das zu mir spricht, wenn ich die Augen schließe und mich darauf konzentriere."

„Ich bespreche mich mit dem, was ich ‚Ich' nenne."

„Das bin ich selbst."

„Es ist wie mein Herzschlag, wie eine Trommel."

„Mein Ich ist mein Herz, meine Seele, mein Sein, ich kann es nicht sehen, aber ich kann es spüren und darauf hören."

„Mein Ich ist eine Art Bewusstsein."

„Das tiefste Gefühl meines Ichs ist ein Empfinden von Bewusstheit."

Ihr inneres Ich

Beantworten Sie folgende Fragen ehrlich in Ihrem Notizbuch:

- Wer ist Ihr Geburts-Ich?
- Kannten Ihre Eltern diesen Teil von Ihnen?
- Haben Sie versucht, den Eltern Ihr Geburts-Ich oder Teile davon zu zeigen? Was war ihre Reaktion?
- Was würden Sie Ihren Eltern heute über Ihr Geburts-Ich sagen?
- Gibt es Teile Ihres Geburts-Ichs, von denen Sie wünschen, Sie hätten sie schon früher ausleben können?
- Bereuen Sie irgendetwas?

Gespräche über ein „wirkliches Ich" geben manchen Menschen das Gefühl, sie hätten ihr ganzes Leben lang eine Lüge gelebt. Das ist natürlich nicht der Fall. Sie wissen, wie leicht es ist, sich zu verstecken, in Deckung zu gehen, zu schrumpfen, sich zu verlieren, weil man es einem anderen Menschen Recht machen will. Jeder Mensch hat sein wahres Ich zu irgendeiner Zeit unterdrückt, um ein Bedürfnis oder ein Ziel zu erreichen – für sich selbst oder für jemand anderen. Es ist natürlich, dass man davor zurückschreckt, einige Aspekte seines wahren Ichs zu zeigen. Doch man muss nicht so weiterleben. Es ist Zeit, dass Sie Zugang zu Ihrem authentischen Ich bekommen. Es ist Ihre Verantwortung, die weggesperrten Teile Ihres Wesens freizulassen.

Hier sind einige Schlüsselaussagen über Ihr wahres Ich:

- Das wahre Ich ist oft verborgen oder gut versteckt hinter den anderen Ichs, die Sie schaffen, damit Sie in der äußeren Welt funktionieren.
- Das wahre Ich ist in der Lage, sich beständig zu verändern, zu wachsen und sich anzupassen.
- Das wahre Ich ist leicht durch andere Menschen, die in Ihrem Leben eine große Rolle spielen, zu beeinflussen.
- Sie sind dann am zufriedensten und am effektivsten, wenn Sie aus Ihrem wahren Ich heraus funktionieren und am wenigsten zufrieden und weitaus weniger effektiv, wenn Sie ein nicht-authentisches Ich antreibt.

Lesen Sie, was andere dazu sagen:

Robert, 56

„Nach dem Tod meiner Eltern begriff ich, dass ich mehr ich selbst werden konnte. Trotzdem erforderte es viel geistige Arbeit. Ich verstand, dass ich nun die Vorstellungen meiner Eltern zur Seite schieben und meinen eigenen folgen konnte. Es ist viel Arbeit, das in die Realität umzusetzen. Es wäre leichter, einfach alles zu ignorieren. Jetzt stecke ich gerade mittendrin in diesem Schlamassel!"

Mike, 45

„Ich begriff, wie ängstlich ich gewesen war, und dass meine Angst mit meinem Bedürfnis nach Zustimmung der Eltern zusammenhing. Ich verstand auch, warum ich lieber innerhalb der sicheren Grenzen bleiben wollte, die jemand anders für mich abgesteckt hatte. Meine Aufgabe bestand darin, mir darüber klar zu werden, was ich wollte, und mir dann die Erlaubnis zu geben, es auch wirklich zu tun."

Mary, 40

„Ich hatte immer sehr auf die Meinungen und Bedürfnisse anderer gehört und ich wollte damit anfangen, an mich selbst zu denken. Ich wollte nicht immer nur das ‚brave Mädchen' sein. Eine Zeit lang, das gebe ich zu, war ich egoistisch und impulsiv, aber nach einem Jahr oder so ließ das wieder nach. Ich lernte endlich, meinen Enthusiasmus für die neu gefundene Freiheit in nützliche Kanäle zu lenken. Ich gründete eine Einrichtung in meiner Stadt, die sich um misshandelte Frauen kümmerte. Ich war nicht misshandelt oder verprügelt worden, aber ich fühlte mich schon immer zu den Unterdrückten hingezogen. Mein Vater hatte immer versucht, mir dieses Interesse auszureden, aber ohne ihn fühlte ich mich nun frei, das zu tun, was ich wollte."

Sam, 56

„Meine Frau hat mich dazu ermuntert, auch mal etwas Neues auszuprobieren, jetzt, wo wir finanziell abgesichert sind, aber ich bin immer noch übervorsichtig. Nur weil

meine Eltern nicht mehr da sind, kann ich nicht auf
einmal machen, was ich will. Ein bisschen was vielleicht
.... in vernünftigen Grenzen, aber ich weiß noch nicht
was. Also warte ich und denke darüber nach. Eines Tages
werde ich anfangen!"

Folgen Sie Ihrem Weg

Veränderung und Transformation passieren nicht einfach so.
Der Verlust der Eltern kann einen plötzlichen psychologischen
und emotionalen Rutsch auslösen, doch das ändert nichts
daran, dass es eine Reihe von Themen und Bedürfnissen gibt,
denen Sie sich irgendwann widmen und für die Sie neue
Fertigkeiten erlernen müssen. Es kann einige Zeit dauern, bis
sie sich in dieser neuen Geisteshaltung wohl fühlen. Die
zusätzlichen Verantwortlichkeiten in Ihrem Leben verlangen
gewissenhafte und gründliche Arbeit. Beispielsweise wird jeder, dessen finanzielle Planung Sache der Eltern gewesen ist,
zugeben, welche große Umstellung es ist, sich selbst um die
Finanzen zu kümmern.

Matt, 39
„Als meine Eltern starben, erbte ich Geld, Anleihen,
Aktien und Grundbesitz. Meine Eltern hatten sich immer
von einem Mann beraten lassen, den ich nicht besonders
mochte. Ich hatte keine Ahnung, wie man so viel Besitz
verwaltet. Monatelang ging ich der Sache aus dem Weg.
Schließlich musste ich eine Entscheidung treffen, was
geschehen sollte.
Mein Vater hatte einen großen Fertigungsbetrieb und
nach meiner Scheidung hatte ich für ihn gearbeitet. Nach
seinem Tod war es offensichtlich, dass ich den Betrieb
übernehmen würde und das tat ich auch. Mir gefiel das
Geschäft, ich hatte Vater all die Jahre über die Schulter
geschaut und alles von ihm gelernt. Es machte mir nichts

aus, nach seinem Tod das Geschäft zu führen. Die Firma florierte jetzt und ich freute mich über die Chance, in seine Fußstapfen treten zu können."

Sobald Sie sich an die neue Situation nach dem Tod der Eltern anpassen und akzeptieren, dass Sie aufgrund Ihres persönlichen Wachstums in dieser Phase keine Schuldgefühle verspüren müssen, werden Sie diese Selbstbezogenheit als natürlich und sinnerfüllt begreifen. Hier sind einige dieser wichtigen Veränderungen, die auftreten können:

• Es findet eine natürliche Verschiebung der Macht statt.
• Sie übernehmen Entscheidungen, die vorher von den Eltern getroffen wurden.
• Sie werden zum Familienoberhaupt.
• Sie werden selbstsicherer.
• Sie fühlen sich unabhängiger.
• Nach und nach übernehmen Sie zusätzliche Verantwortlichkeiten.
• Weitere psychologische und persönliche Veränderungen werden offensichtlich.

Vielleicht müssen Sie sich bei anderen Hilfe oder Trost holen. Freunde und Partner sind jetzt sehr wichtig. Sie brauchen Menschen, mit denen Sie Ihre Gefühle teilen können. Sie brauchen jemanden, der zuhört. Menschen, die in der gleichen Situation sind wie Sie, sind dafür besonders gut geeignet. In dieser Krisenzeit sind übliche Maßnahmen wie Austausch, Verständnis und Geduld notwendig.

Ich hoffe, dass in Ihnen ein neues Bewusstseins, ein wirklich erwachsenes Bewusstsein, erwacht. In einem bestimmten Alter werden Sie biologisch erwachsen, dann wenn Ihre Sexualität erwacht und Sie die Verantwortung für sich selbst übernehmen. Aber es gibt eine Ebene des Erwachsenendaseins, die Sie nicht erreichen können, solange Sie noch jemandes Kind sind.

Der Tod Ihrer Eltern ist der Beginn von etwas Neuem. Ihre
ganze Wahrnehmung ändert sich, während Sie sich an eine
Welt ohne Eltern anpassen. Nach dem Tod der Eltern nehmen
Sie Krankheit, Tod und Leben ganz anders wahr.

Pat, 50
„Eine meiner lebhaftesten Erinnerungen an diese Erfahrung ist der Tag, an dem ich zum Anwalt meiner Eltern
ging und Papiere betreffend des Erbes unterschreiben
musste. Normalerweise trage ich bei der Arbeit Jeans
und T-Shirt; ich bin Designerin und meine Kleidung muss
bequem sein. An diesem Tag aber hatte ich einen
komischen Gedanken: ‚Ich erbe jetzt eine Menge Geld,
dabei sollte ich besser wie eine Erwachsene aussehen.'
Solche Gedanken hatte ich noch nie gehabt und Sie
können mir glauben, ich habe schon in einigen Vorstands-
sitzungen herumgesessen.
Mir war klar, dass ich mich nach dem Tod meiner Eltern
ändern musste. Ich hatte gewusst, dass sie immer für
mich da waren. Als sie starben, wollte ich mich zurückent-
wickeln, aber ich musste stark werden."

Sie wären überrascht, wie viel Mut Sie nach dem Tod Ihrer
Eltern an den Tag legen können, und wie gut Sie sich schlagen,
um der neuen Herausforderung gerecht zu werden. Janine
(43) merkte an: „Ich wünschte, ich hätte mich vor dem Tod
meiner Eltern entwickeln können, ich hätte mich selbst mehr
gemocht und eher das erreicht, was ich erreichen wollte."
   Kindliche Verhaltensweisen können auch Ihr Erwachsenen-
leben noch dominieren. Der Rückfall in Verhaltensweisen, die
Erwachsenen nicht angemessen sind, ist weit verbreitet. Wir
wissen alle, dass das stimmt. Im Allgemeinen ist es eine
Erleichterung, endlich erwachsen zu werden und unreife
Verhaltensweise hinter sich zu lassen. Wenn Eltern sterben,
verlieren Sie das Gefühl, dass Sie der Lebensmittelpunkt eines

Menschen sind (was Ihren Narzissmus verstärken kann). Das ist ein großer Verlust und gleichzeitig ein großer Gewinn.

Sandra, die ihre Eltern mit 51 verlor, erzählte mir in einer unserer Sitzungen: „Ich hatte das Bedürfnis, Mama und Papa zurückzurufen und das Unwiderrufliche rückgängig zu machen. Doch ich musste erwachsen werden, um nicht ständig diese Sehnsucht nach ihnen zu haben. Ich werde die Kinderrolle ablegen und die Rolle eines Erwachsenen annehmen."

Die Traurigkeit über den Verlust der Eltern dauert Ihr Leben lang an, aber es finden auch Ausgleich und Anpassung statt. Rollen verschieben sich und damit auch Macht und Autorität. Wenn Sie sich selbst erlauben zu wachsen, selbstbewusst zu werden, verlorene Aspekte Ihres Ichs einzusetzen, treiben Sie diesen Prozess voran. Eine Patientin brachte ihre Forderung an sich selbst im Kasernenhofton witzig auf den Punkt: „Ich, vortreten!!"

Der Anfang des Weges

Die meisten Menschen, die ich für dieses Buch interviewte, haben die Erfahrung gemeinsam, dass ihr Wachstum unterstützt wurde. Diese Unterstützung kam von Therapeuten, Familie, Partnern, Kindern oder Freunden. Die Erlaubnis zum Leben kommt jetzt von Ihnen. Es ist nicht immer leicht, aber jeder Tag Ihres Leben bringt neue Kraft und neuen Sinn. Als Kind haben Sie gewartet, dass Ihnen jemand die Richtung vorgab, etwas verlangte, ein Umfeld der Erwartung schuf oder mit Ihnen zusammen Ihre Ziele festlegte. Jetzt müssen Sie die Verantwortung für all diese Dinge selbst übernehmen.

Sich selbst beobachten

Eine Technik, mit der Sie Ihre inneren Tiefen Schritt für Schritt neu entdecken und Ihre neue Einstellung festigen können, ist, sich selbst zu beobachten. Achten Sie bewusst auf neue Verhaltensweisen, Impulse, Ideen und Neigungen. Neuanfänge müssen ermutigt und belohnt werden. Oft wird mit der Veränderung eine Erinnerung erwachen: „Ich wusste immer, dass ich das gut kann. Keine Ahnung, warum ich das vergessen hatte." Hier sind einige Beispiele von erfolgreicher Selbstbeobachtung:

> „Als ich das Tanzen aufgab, war es, als ob ich einen Teil meiner Seele verlieren würde. Als Kind liebte ich es und wenn ich dabeigeblieben wäre ... wer weiß, was daraus geworden wäre. Aber ich ließ es sein und das schien meinen Eltern ganz recht zu sein."

> „Meine eigenen Kinder versuchte ich zu ermutigen, so viel wie möglich aus ihren Talenten zu machen, auch wenn sie diese nicht zu ihrem Beruf machten. Meine Eltern waren da ganz anders."

> „Ich kann mich erinnern, dass ich auf eine bestimmte Weise handelte, als ich jung war. Dann geschah etwas und ich veränderte mich. Jetzt will ich das wieder in mir freilegen."

> „Eines Tages wachte ich auf und hatte das Bedürfnis, mehr Make-up zu benutzen, wie meine Mutter. Das war neu für mich."

> „Meine Schwester sagte mir, dass ich plötzlich einen sehr komischen Humor entwickelt hätte. Ich dachte, ich wäre schon mein ganzes Leben lang komisch gewesen, aber vielleicht hatte ich meinen Humor auch unbewusst gezügelt. Irgendwoher hatte ich die Aufforderung bekommen, ernsthafter zu sein."

„Nach dem Tod meines Vaters sagte mir meine Frau, dass ich den verrückten Humor meines Vaters entwickelt hätte. Ich dachte, ich wäre immer schon so gewesen, aber unbewusst ahmte ich wohl jetzt immer mehr meinen Vater nach."

„Ich hatte immer schon gern alles unter Kontrolle. Nach dem Tod meiner Eltern war mir das noch mehr ein Bedürfnis. Ich war immer ein Kontrollfreak gewesen, aber mir fiel auf, dass ich immer mehr zum Tyrannen wurde."

„Nach dem Tod meines Vaters setzte ich mich an mein Kinderklavier und fing an, eine kurze Melodie zu spielen. Ich mochte Musik, aber ich hätte nie für möglich gehalten, dass ich Talent hatte. Offenbar besaß ich aber tatsächlich eine gewisse Neigung."

„Eines Tages ging ich ins Büro, sah mich um und fühlte diese schreckliche Übelkeit. Ich stand auf und beschloss zu kündigen. Einfach so!"

„Als ich mich mit meiner neuen Freiheit angefreundet hatte, beschloss ich, all meine alten Leidenschaften wieder aufzunehmen: Tiere, Tanzen und Musik!"

„Ich hatte Träume, so wundervolle Träume. Was geschah mit ihnen? Vielleicht ist jetzt die Zeit gekommen, zu diesen alten Träumen zurückzukehren."

Ihr Geburts-Ich wird sich in Gedankenblitzen, Intuition, Visionen oder Tagträumen zeigen, im Hingezogensein zu anderen Menschen, in Dingen, die Sie in Ihren Träumen tun oder in Erinnerungen an die Vergangenheit. Es ist auch möglich, dass Sie schon ganz genau wissen, was Sie tun oder wie Sie sein möchten. Wenn Sie zum Beispiel eine bestimmte Handlungsweise oder einen Wesenszug unterdrückt haben, weil Sie eine elterliche Einschränkung hingenommen haben, dann steckt etwas unter der Oberfläche und wartet darauf, herausgelassen zu werden.

Martha, 53

„Ich wusste, dass meine Eltern es nicht leiden konnten, wenn ich böse auf sie war, also musste ich meine Gefühle unterdrücken. Oft wurde ich abweisend, was sie noch weniger mochten. Von der unterdrückten Anspannung bekam ich Kopfschmerzen. Aber ich war entschlossen, sie nicht anzuschreien.

Natürlich setzte sich dieses Muster in alle anderen Beziehungen fort und nach ihrem Tod musste ich lernen, mich direkter und schneller auszudrücken, wenn ich mich über etwas ärgerte. Mein Mann und meine Kinder zogen den größten Nutzen aus meinem veränderten Verhaltensmuster."

Patty, 61

„Wie so viele meiner Generation habe ich meine kreative Seite unterdrückt. Ich wurde Lehrerin, obwohl ich eigentlich lieber Künstlerin geworden wäre. Ich hatte eine Künstlerpersönlichkeit, von der sich meine Eltern, glaube ich, bedroht fühlten. Als sie starben, kehrte ich nicht nur zur Kunst zurück, sondern gab mich auch in allen anderen Dingen stärker meiner künstlerischen Seite hin. Das inspirierte mich dazu, anders auszusehen, andere Arten von Veranstaltungen und Versammlungen zu besuchen und insgesamt sinnlicher über das Leben zu denken und zu fühlen.

Es war leicht, wieder Kontakt zu meiner inneren Künstlerin aufzunehmen. Ich ließ sie zu und sie kam sofort aus ihrem Versteck hervor! Sie teilte sich mir über ihre Wünsche mit. Ich wusste, was sie tragen und wie sie mit den Leuten sprechen wollte. Sie war viel spontaner als das brave Mädchen in mir und sie sprach gerne mit anderen über intellektuelle Ideen. Sie wollte in Clubs gehen, Kunstausstellungen besuchen und Schwarz tragen. Wäre es so schlimm gewesen, mehr von ihr herauszulassen, solange meine Eltern lebten? Wahrscheinlich nicht. Aber tat ich es? Nein!"

Jim, 39

„Meine Träume sind sehr farbenfroh, interessant und informativ. In ihnen habe ich auch mein inneres Ich zuerst erkannt. Ich träumte, auf einer Forschungsreise in Pakistan zu sein. Ich trug lange Umhänge und auf dem Kopf einen blassblauen Turban. Ich war mit vielen anderen Leuten zusammen und ich war sehr aufgeregt.

Als ich aufwachte und über meinen Traum nachdachte, erinnerte ich mich an etwas aus meiner Jugend. Ich hatte einen Film über einen Forscher gesehen und war fasziniert von der Idee, Abenteuer zu erleben. Ich selbst hatte nie Abenteuer erlebt, hatte noch nicht einmal viele Reisen gemacht. Ich verstand meinen Traum so, dass es vielleicht sehr befriedigend für mich sei, solche Dinge zu tun. Ich kaufte mir ein Reisemagazin und fand es schon aufregend, darin zu lesen. Ja, ich wollte ein anderes Land oder einen Kontinent erkunden und es war ein gutes Gefühl, wieder mit diesen Ideen Kontakt aufzunehmen."

Catherine, 58

„Nach dem Tod meiner Mutter hatte ich einen Traum. Sie saß auf dem Rücksitz eines Autos, ich drehte mich zu ihr um und schaute ihr direkt in die Augen. Ich fragte sie, warum sie nicht gewollt hatte, dass ich Tänzerin wurde. Sie schob die Schuld meinem Vater zu: ,Er wollte es nicht. Es war nicht das, was er sich für dich vorstellte.'

Ein paar Tage später wurde die Tänzerin in mir wiedergeboren, viele Jahre nach meiner Kindheit, vielleicht viele Jahre zu spät, aber sie war wieder da. Ich überließ ihr die Führung und sie suchte sich Tanzkurse aus und sie erfüllte meinen Körper mit ihrem Geist. Ich habe den Kontakt zu ihr bis heute nicht verloren. Ich bin dann zwar nicht mehr auf einer Bühne aufgetreten, aber ich tanze und fördere diese Seite in mir. "

Werden Sie nicht ungeduldig, wenn es am Anfang so wirkt, als habe sich nichts verändert. Der Prozess von der Trauer bis zu Ihrer Erholung braucht seine Zeit. Die Veränderung kann Sie vollkommen überraschen oder aber etwas sein, auf das Sie lange gewartet haben. Die Vorstellung, das Geburts-Ich wiederzuentdecken, schließt auch mit ein, dass das Geburts-Ich in Ihrem Leben schon immer vorhanden und eine wundervolle Konstante war. Sie können sich auf Ihr wahres Ich wirklich verlassen.

Berta, 43
„Ich fühlte tiefe Befriedigung und Erleichterung, als mir nach dem Tod meiner Eltern klar wurde, dass ich mich auf mich selbst verlassen konnte. Ich fühlte mich so viel stärker und ich wusste, wer auch immer ich gewesen war, ich war die ganze Zeit ‚Ich' gewesen. Das war gut für mein Selbstwertgefühl. Ich nehme an, ich war so schlecht nicht! All die Jahre der persönlichen Unsicherheit und die Minderwertigkeitsgefühle schienen verschwunden zu sein, als ich begann, ganz ich selbst zu sein. Ich wurde komplett. "

Maxine, 51
„Als die Eltern meiner besten Freundin starben, sah ich, wie sie sich veränderte und wie sie viel leistungsstärker und mutiger wurde. Ich sprach mit ihr darüber, aber ich verstand es nicht wirklich, bis meine eigenen Eltern starben. Was es für einen Unterschied macht, wenn man im Leben allein dasteht! Es gibt einem das Gefühl, dass man immer ein Ziel hatte und dass jetzt keine Zeit mehr zu verlieren ist. "

Um als Held oder Heldin Ihres eigenen Lebens erfolgreich zu
sein, müssen Sie entschlossen sein, Ihre verlorenen Leidenschaften zu reaktivieren. Vielleicht dachten Sie, dass Ihre
Leidenschaften unwichtige Träumereien seien. Wenn Sie reifer werden, merken Sie, dass es gerade Ihre Leidenschaften
sind, die etwas Besonderes über Sie und Ihre innere Natur
aussagen.

Die Reise, auf die Sie sich begeben, wenn Sie Waise werden,
ist aufregend, packend und voller Hoffnung. Sowohl die Reise
als auch ihr Ziel werden Ihnen ungeahnte Freude und Leidenschaft für die verbleibenden Jahre Ihres Lebens bringen. Auf
dieser Reise können Sie sein, wer Sie wollen, und alles tun, was
Ihre Träume und Hoffnungen inspiriert. Sie können Ihren
Eltern ihre Fehler und Schwächen verzeihen und all die
Zeiten, in denen sie nicht für Sie da waren oder in denen sie
nicht die Menschen waren, die Sie gerne gehabt hätten. Alles
ist möglich, wenn Ihre Energien nicht mehr in Enttäuschung,
Frustration, Vorwürfe oder Wut fließen – Empfindungen, die
das Ergebnis eines Lebens ohne Nachsicht für die Schwächen
und Fehler anderer sind. Sie können die inneren und äußeren
Grenzen, die Sie einengen, überwinden und stattdessen Ihr
Leben von Grund auf neu gestalten.

Der Held in Ihnen

Die Hoffnung liegt im Menschen, nicht in Systemen,
nicht in organisierten Religionen, sondern in dir und in mir.

JIDDU KRISHNAMURTI, SCHÖPFERISCHE FREIHEIT

Sie finden Ihren inneren Helden im Verlauf Ihrer Transformation, die bedingt ist durch den Übergang vom Kindsein zum
Waisendasein. Man kann es nicht anders beschreiben: Es kann
nur ein Held sein, der diese Herausforderung annimmt und
der den Mut hat, Neues zu wagen. Natürlich haben die vielen
Jahre, in denen Sie Teile Ihrer Persönlichkeit und Ihres Seins
unterdrückt haben, ihren Tribut gefordert. Das Leben, an das
Sie sich gewöhnt haben, erscheint Ihnen normal – und jede
Veränderung wird als Risiko empfunden.

Der Drang, zu Ihrem Kern vorzustoßen, motiviert sie jetzt zu
einer Reise zu neuen Ufern. Während Sie sich auf Ziele
zubewegen, die teilweise unbekannt sind, in anderer Hinsicht
aber auch wieder sehr vertraut, passen Sie sich der Situation
erst an und verändern sich dann. Diese Reise ist einzigartig, tief
bewegend und möglicherweise lebensverändernd. Doch anstatt jemand anders zu werden, haben Sie die große Chance,
sich selbst zu erneuern.

So natürlich die Veränderung ist, sie erfordert ein Wagnis
und dieses Risiko kann bedrohlich wirken. Das Waisendasein
führt nicht zwangsläufig dazu, dass man riskant lebt oder alle
Charakterzüge verändert. Es bietet Ihnen vielmehr die Mög-

lichkeit, diejenigen Aspekte Ihrer Persönlichkeit zu fördern, die ein Gegengewicht zu ihren von anderen übernommenen Lebensphilosophien bilden können.

Die Menschen, mit denen ich gearbeitet habe, haben nicht alle Vorsicht außer Acht gelassen, sondern langsam und methodisch neue Entscheidungen getroffen, die sie selbst als kleine, schrittweise eingegangene Risiken beschreiben. Die häufigste Aussage zum Thema Veränderungen war folgende: „Langfristig konnte ich sehen, welche Veränderungen ich durchmachte; manche waren dramatisch, andere waren winzig klein."

Während Sie den Wandel vom Kind/Erwachsenen zum Waisen vollziehen, werden Sie Ihren inneren Helden kennen lernen. Wir stellen uns unter einem Helden jemanden vor, der zu großen Taten fähig ist und der tapfer alle Hindernisse überwindet, um ein hehres Ziel zu erreichen. Das Wort „heros" ist griechisch und bedeutet „bewachen, beschützen". Also ist der innere Held auch dazu da, um auf Sie aufzupassen, auf Ihr Wohlergehen zu achten und Ihnen eine Quelle des Mutes und der Inspiration zu sein.

Der innere Held ist einer Ihrer besten Verbündeten dabei, den erlittenen Verlust in ein positiv verändertes Leben umzumünzen. Heldenmut zeichnet auch Ihren inneren Entdecker und Abenteurer aus. Ein Held ist ein Kämpfer mit endloser Energie und dem Mut, die gestellte Aufgabe zu erfüllen; Ihr Held stellt sich dem Wagnis und führt Sie. In Literatur und Mythologie ist der Held ein Unschuldiger, der wachsen, reifen und sich entwickeln muss. Der Held verliert seine Naivität, macht eine Reise voller Irrungen und Wirrungen und gewinnt schließlich an Selbsterkenntnis. Die Reise ist zu Ende, wenn der Held dauerhaft verändert nach Hause zurückkehrt. Das Resultat seiner Suche sind persönliche Entwicklung und Reife.

Ihr innerer Held ist der Teil in Ihnen:

• der am stärksten ist,
• der mutig ist,
• der schnell handelt,

- den Sie kürzlich kennen lernten und der scheinbar aus Ihrer Angst vor dem Tod und der Sorge darüber, wie Sie ohne Ihre Eltern zurechtkommen sollen, entstanden ist,
- der die ganz große Perspektive sieht,
- der keine Angst oder Unsicherheit kennt,
- der die Herausforderung liebt,
- der eher körperlich und intellektuell als emotional ist,
- der Probleme angeht und löst,
- der Sie anführt.

Als ich Patienten und Interviewpartner fragte, wie sie als Kinder über den Tod der Eltern gedacht hatten, sagten mit viele, die Vorstellung vom Tod der Eltern sei einfach zu schlimm gewesen, als dass man hätte darüber nachdenken können. Einige hatten es für unmöglich gehalten, mit diesem Ereignis fertig zu werden. Sobald sie daran gedacht hatten, schaltete sich ihr Denken automatisch ab und sie dachten an etwas anderes. Sie waren nicht in der Lage gewesen, damit umzugehen, bis die Situation wirklich eintrat. Einige hatten geglaubt, es werde schon gehen, wenn es soweit sei. Doch für viele blieb die Vorstellung etwas Schreckliches, mit dem sie irgendwann fertig werden müssten. Sie hatten gehofft, sie würden dann stärker sein. Es ist möglich, dass wir alle das Bewusstsein, dass unsere Eltern einmal sterben müssen, unbewusst mit uns herumtragen. Wir wissen, dass wir eines Tages ohne unsere Eltern werden leben müssen. Man nennt das „vorauseilende Trauer". Wenn man den Tod der Eltern verarbeitet hat, stellt sich das Gefühl ein, etwas Großes geleistet zu haben. „Dieser Prozess, so schwierig und lohnend er sein kann, schafft den Raum dafür, Prioritäten neu zu bewerten und sich des Reichtums des Lebens bewusst zu werden."[30]

Häufig hörte ich Aussagen wie: „Ich wusste nicht, dass ich so stark bin", „Ich habe mich auf einem neuen Gebiet erprobt und habe den Test bestanden" oder „Wenn ich nicht meine inneren Stärke gefunden hätte, den heldenhaftesten Teil in mir, dann wäre ich niemals in der Lage gewesen nach dem Tod von Mutter und Vater mit dem Leben zurechtzukommen".

Jene Teile Ihrer Persönlichkeit wieder zu finden, die viele Jahre versteckt gewesen sind, ist das große Thema dieses Buches. Diese Kraft, von deren Existenz Sie gar nichts wussten, wird ausgelöst durch den Tod der Eltern. Viele Menschen äußerten sich so: „Ich wuchs nicht nur in das Erwachsenendasein hinein, ich fand auch eine Verbindung zu meinen Leidenschaften und meinen verlorenen Träumen."

Die Rückkehr zum Ich

Eine Rückkehr zu alten Leidenschaften und Träumen wird von den nachstehenden Kommentaren beleuchtet:

> „Ich habe meine Prioritäten neu gesetzt und tue jetzt wieder Dinge, die mir früher einmal wichtig waren."

> „Ich hätte mir nie träumen lassen, dass mein Leben sich nach dem Tod meiner Eltern so sehr verändern würde. Ich war wirklich schockiert. Ich fühlte mich so anders."

> „Ich fühlte mich nicht auf einen Schlag verändert. Es kam schrittweise und im Laufe der Zeit."

> „Ich hatte davon geträumt, Schauspielerin zu sein, aber ich dachte nie, dass ich das Talent dazu hätte. Jetzt stürze ich mich mit Freude in alle Aktivitäten, die etwas mit Schauspielerei zu tun haben."

> „Ich hatte den Lebenstraum, eine Pferdefarm zu besitzen. Nun, jetzt habe ich eine. Ich tue jeden Tag meines Lebens das, was ich liebe."

> "Mein Traum war es immer, alten Menschen zu helfen. Als Vater krank wurde und ich jeden Tag in der Klinik war,

lernte ich viel über die Bedürfnisse von Sterbenden. Jetzt habe ich mich als freiwillige Helferin in derselben Klinik gemeldet und trage dazu bei, anderen zu helfen – trotz meiner traurigen Erinnerungen."

„Ich habe nie an Träume geglaubt. Jetzt bringe ich mich dazu, etwas Neues auszuprobieren. Ich arbeite daran herauszufinden, was einmal meine Träume waren und ich werde ihnen nachgehen. Ich verspreche es!"

„Ich sagte meinen Kindern immer, sie sollten ihren Träumen folgen, was schon ein wenig ungewöhnlich ist, denn diesen Rat bekam ich von meinen Eltern nie. Ich tat immer das, was Sie meines Erachtens von mir erwarteten. Aber jetzt, da meine Eltern gestorben sind, haben mich meine Kinder dazu ermutigt, auf meine eigenen Worte zu hören. Also arbeite ich daran. Ich entdecke meine verlorenen Träume neu. Ich erinnere mich, dass ich mich sehr für Kunst und für Segelboote interessierte."

„Ich fing damit an, mein Leben so zu leben, wie ich es wollte und das zu tun, was ich gerne tat."

Zweifellos gab es Ideen, Hobbys, Menschen, Situationen, Orte oder Talente, die Ihnen früher einmal viel bedeutet haben, Interessen, die Sie vielleicht zur Seite legten. Erinnern Sie sich an diese Leidenschaften? Wenn man sie direkt danach fragt, geben viele Menschen zu, dass sie in bestimmten Phasen ihres Lebens nicht das Gefühl hatten, bei der Verfolgung ihrer Interessen unterstützt zu werden. Auf die Frage „Verwirklichen Sie in Ihrem Leben das, was Sie gerne machen?" antworten die meisten Menschen mit „Nein!".

Es gibt keinen besseren Zeitpunkt, wieder Kontakt mit den Dingen aufzunehmen, die Ihnen in der Vergangenheit wichtig waren. Das Gefühl für die eigene Sterblichkeit trägt zu Ihrer Motivation bei. Sie haben Zeit und Raum, weil die eigenen Kinder vielleicht schon aus dem Haus sind. Jetzt haben Sie viel Zeit für sich selbst.

Viele Leute, mit denen ich sprach, erzählten, dass ihre Eltern die Dinge, die ihnen wichtig waren, nicht mochten oder nicht akzeptierten. Ein Elternteil oder auch beide Eltern fanden das Ziel ihres Kindes entweder unrealistisch oder aus irgendeinem anderen Grund inakzeptabel. Einige hatten den Eindruck, dass ihre Pläne die Eltern bedrohten oder sie an ihre eigenen, nicht erfüllten Ambitionen erinnerten.

Es stimmt, dass Kinder nicht auf die Vorstellungen und Einschränkungen ihrer Eltern hören müssen und manche tun es auch nicht. Doch es gibt eine ganze Menge Menschen, die sich fügen. Viele Menschen würden sagen: „Ich stimmte mit den Vorstellungen meiner Eltern überein, was ich ihrer Meinung nach im Leben tun sollte und ich glaube, sie hatten Recht." Praktische Überlegungen und Sicherheitsdenken sind häufig Gründe dafür, Leidenschaften aufzugeben.

Lani (57) zum Beispiel war eine sehr gute Pianistin. Lanis Mutter war ebenfalls Musikerin gewesen und frustriert über ihren Mangel an Erfolg. Trotz Lanis Talent und ihrer Liebe zur Musik riet ihr die Mutter davon ab, Berufsmusikerin zu werden. Lani, die immer den Rat ihrer Eltern suchte, hörte auf ihre Mutter und gab schon früh den Traum auf, Konzertpianistin zu werden. Stattdessen wurde sie Musiklehrerin.

Tory ist ein weiteres Beispiel für jemanden, der seine Leidenschaft aufgegeben hat. Tory wurde mit 51 Waise. Er hatte Schauspieler werden wollen, aber das war für seine Familie nicht akzeptabel. So redete er sich ein, dass er nicht gut genug aussah und zu wenig begabt sei. Er gab sein Ziel auf. Viele Jahre später erkannte Tory, dass er die Möglichkeit aufgegeben hatte, seine wahre Persönlichkeit zu entfalten.

Wo können Sie nachsehen, wenn Sie Teile von sich selbst finden wollen, die Sie aufgegeben haben? Es erübrigt sich zu erwähnen, dass es eine innere Suche ist. Sie können in Ihrer Vergangenheit zurückgehen, um eine aufgegebene Leidenschaft neu zu entdecken oder Sie können sich entscheiden, etwas völlig Neues zu realisieren. Mark hatte zum Beispiel immer den Wunsch zu malen, aber er entschied sich für den praktischen Arztberuf, um einen sicheren Lebensunterhalt zu gewährleisten. Mit 58, nach dem Tod beider Eltern, fühlte er sich unzufrieden und begann wieder zu malen. Außerdem beschloss er, scheinbar wie aus dem Nichts, mit dem Fahrradfahren anzufangen. In kurzer Zeit wurde das Radfahren zu seiner Leidenschaft. Er fand große Befriedigung in etwas völlig Neuem.

Das Ich nach alten Leidenschaften zu durchsuchen oder neue zu finden, erfordert Mut und Entschlossenheit – Stärken, von denen Sie bisher nicht wussten, dass Sie sie besitzen. Wieso verfügen wir plötzlich über diese Stärken? Thomas Moore ist der Auffassung, dass in schweren Krisenzeiten die Seele sichtbar wird und uns durch Situationen trägt, die sonst unmöglich zu ertragen sind.[31] Mit anderen Worten: Energien, die man vorher nicht kannte, werden verfügbar, um die Krise zu meistern.

Ich möchte Ihnen dabei helfen, diese Chance zu ergreifen. Nach dem Tod der Eltern bekommen Sie die Gelegenheit, sich in das Ich zu verwandeln, das Ihnen bei Ihrer Geburt vorbestimmt war. Ihr innerer Held wird Ihnen helfen, Ihr wahres Ich zu finden.

Keine elterlichen Einschränkungen mehr: Die Neuentdeckung der Kreativität

Es wichtig, dass Sie Ihren kreativen Impuls wieder entdecken. Ob Sie singen oder schauspielern oder malen oder schreiben – es ist notwendig, Ihr Potenzial für kreative Unternehmungen zu reaktivieren. Kreativität setzt Kraft für Leben, Veränderung und Wachstum frei und sensibilisiert sie für die Liebe, die Sie Ihrer Familie entgegenbringen, für den Genuss eines Theaterbesuchs, den Spaß an Ihrer Arbeit oder die Freude daran, ein spezielles Essen zuzubereiten. Wenn Sie Ihre kreative Seite aktivieren, schaffen Sie damit die Voraussetzung für Veränderung und Vorwärtsbewegung.

Ohne die Verbindung zu Ihrer kreativen oder instinktiven Seite fehlt Ihnen der Kontakt zu einem der wichtigsten Teile Ihrer Persönlichkeit. Dieses Bauchgefühl hilft Ihnen dabei, richtige Entscheidungen zu treffen und weiß, was gut für Sie ist. Es trägt dazu bei, ein gesundes Gleichgewicht zwischen der rationalen und der emotionalen Seite Ihres Lebens zu finden.

Hatten Sie Angst vor elterlicher Ablehnung?

Die Angst vor Ablehnung oder noch schlimmeren negativen Reaktionen kann Ihnen Ihre Leidenschaften rauben. „Die Dinge, die mir viel bedeuteten, waren einfach nicht in Ordnung!", bemerkten viele, mit denen ich arbeitete oder sprach. „Die Kritik wurde nicht unbedingt deutlich ausgesprochen, aber ich erkannte sie dennoch", sagte Marsha (67) noch Jahre nach dem Tod der Eltern. „Meine Eltern hatten klare Vorstellungen davon, was sie in der Familie wollten und was nicht, und das hatte mit dem, was ich wollte, nichts zu tun!"

Der erste Schritt ist natürlich, dass Sie Ihre eigenen inneren Hemmungen überwinden. Widersprechen Sie der Stimme, die sagt: „Jetzt kannst du es nicht mehr machen, es ist zu spät" oder „Wie kommst du darauf, dass du es jetzt tun kannst?" oder „Deine Eltern hatten damals Recht und sie haben es immer noch". Wenn Sie sich nicht von inneren Barrieren lähmen lassen, können Sie jetzt alles riskieren. Sie können alles tun, was Sie wollen und schon immer wollten. Erinnern Sie sich an Ihre Leidenschaften!

Lisa, 49
Lisa verlor ihren kreativen Instinkt völlig: „Ich war immer so ein kreatives Kind, ich zeichnete und malte gern,

bastelte Dinge. Ich gab all das auf und wurde Buchhalterin, weil es das war, was mein Vater wollte."

Michael, 57
„Ich liebte Musik. Sie war mein Leben. Ich spielte Klavier und hatte jahrelang Unterricht. Ich wollte Schlagzeug spielen und Geige und Harfe, aber meine Eltern lachten und sagten: ‚Spiel einfach Klavier und spiel es ordentlich.' Wie soll ich wissen, was ich auf den anderen Instrumenten erreicht hätte. Ich werde es nie erfahren."

Wie Henry David Thoreau festgestellt hat: „Die große Masse der Menschheit lebt ein Leben in stiller Verzweiflung." Wie wahr. Eine solche Beobachtung lässt uns fragen: „Was fangen wir an mit dieser Einsicht? Aufstehen und kämpfen? Bringt das etwas? Kann man in diesem Alter noch etwas ausrichten?" Sie können es für sich selbst tun, wenn Sie sich von Ihrem inneren Helden leiten lassen.

Hören Sie auf die Stimme Ihres inneren Helden:
- „Du kannst es!"
- „Jetzt ist die richtige Zeit!"
- „Es ist nie zu spät!"
- „Riskiere es!"

Es ist schwer, die Spinnweben der Vergangenheit beiseite zu fegen. Wer Sie sind, hat mit dem zu tun, in welcher Weise die Erlebnisse Ihrer Kindheit Sie prägten. Diese Lehren bleiben Ihnen, sie manifestieren sich in Stimmungen, Überzeugungen und Erinnerungen. Wenn Sie die Lehren der Kindheit beiseite räumen und anfangen, sich selbst ohne den Schatten der Eltern zu sehen, können und werden positive Veränderungen eintreten.

Ein gesundes Familienleben weckt in uns die Bereitschaft, neue Dinge auszuprobieren. Als Kinder wurden Sie hoffentlich

ermutigt, Ihren Selbstbehauptungs- und Aggressionstrieb auszuleben, besonders dort, wo es darum ging, eine autonome
und selbstbestimmte Persönlichkeit zu werden und innere
Freiheit und Vitalität zu erwerben. Nach dem Tod der Eltern
offenbart sich Ihnen eine neue Vitalität, mit deren Hilfe Sie
auch das Gefühl von Verlust und Liebesmangel überstehen
können. Wieder gut und doch anders zu funktionieren – das ist
Ihr neues Ziel. Es ist eigentlich das Ziel für jeden, der ein
erfülltes Leben führen will.

Die Wunden der Vergangenheit heilen

Der Prozess der Selbstheilung oder die Wiederherstellung
verlorener Teile des Ichs hat viele positive Eigenschaften.
Unter Selbstheilung verstehe ich die Regeneration des Ichs
durch das Wiederfinden seiner verleugneten oder nicht ver-
wirklichten Teile. Wir werden dafür mit der Rückkehr verlorener Energien und mit neu verinnerlichten Gefühle wie Stärke,
Mut und Macht belohnt. All das hat ein größeres Selbstbewusst-
sein zur Folge.

Das Wiedererlangen verlorener Teile des Ichs führt zu einer
Heilung, denn es ist schmerzhaft für das Ich und das Selbstbe-
wusstsein, unvollständig zu sein. Das Fehlen wichtiger Teile hat
einen Einfluss auf Ihre Selbsterfahrung, ob Sie sich dessen
bewusst sind oder nicht. Dieser Mangel beeinflusst die Psyche
und hat Auswirkungen auf die Stimmung, Persönlichkeit und
Zufriedenheit. Wird das Ich neu justiert, indem man die
fehlenden Teile zurückholt, wird die Einheit, Integrität und
Ganzheit Ihres inneren Kernes wiederhergestellt. Dieses Zentrum Ihrer Persönlichkeit macht Sie zu dem, was Sie sind.

Einer meiner Freunde und Lehrer, Dr. Hal Stone, nannte
unsere persönlichen Zentren „die Essenz dessen, was uns zu
uns selbst macht". Ich stimme dem zu. Der Begriff „Essenz" ist

eine gutes Bild, um die innere Natur von Individuen zu beschreiben. Wenn die Essenz Ihrer Individualität ignoriert wird und nicht durch Ihren Willen und Ihre Absicht in die Lage versetzt wird, sich auszudrücken, kommt es zu ernsthaften Verletzungen. Die Symptome dieser Verletzungen sind Langeweile, Rastlosigkeit, Depressionen, Gefühle der Leere, Angst, Unzufriedenheit und fehlende Kreativität.

Arbeitet keine kreative Kraft für das Ich, dann welken Ich und Leidenschaft dahin. Das Individuum fühlt sich unglücklich und Persönlichkeit und Beziehungen leiden darunter. Doch es ist noch nicht zu spät. Es kann alles wieder in Ordnung gebracht werden und jetzt ist die Zeit dafür gekommen. Ohne die Erwartungen der Eltern, ohne Ihr Bedürfnis, es den Eltern recht machen zu wollen, können die bislang verdrängten Teile Ihres Ichs wiederhergestellt werden und auferstehen. Das führt zu einer Heilung und ein neues Leben wird geboren. Ihre Lebensenergie wird erneuert und diese Energie hilft Ihnen, sich selbst zu erkennen, damit Sie sich von neuem entwickeln und leben können. Aus diesem Grund sage ich oft zu meinen Patienten: „Wir werden zweimal von unseren Eltern geboren, einmal bei unserer Geburt und das zweite Mal bei ihrem Tod."

Das unvollständige Ich

Das unvollständige Ich ist das Ich, das auf seine Erneuerung wartet. Ihm fehlen viele der wichtigsten Bestandteile wie Leidenschaften, Talente, Neigungen und andere als positiv empfundene Züge. Hier sind einige Beispiele für ein unvollständiges Ich:

> „Ich wusste immer, dass ich vernünftig sein konnte, aber die ständige Kritik meiner Mutter ließ mich zu jemandem werden, der lieber rebellierte, anstatt sich anzupassen."

„Alle meine Brüder und Schwestern gingen aufs College. Ich weigerte mich, weil ich dachte, es würde meinen Eltern gefallen, wenn ich sofort nach der Highschool anfing zu arbeiten. Ich dachte, dass sie vielleicht mein Einkommen brauchten. Ich fragte mich nie, was ich für Begabungen hatte. Ich wusste, dass ich in irgendetwas gut sein musste. Es ist einfach so, dass ich nie versucht habe herauszufinden, was das war ... bis sie beide tot waren."

„Mein Vater wollte, dass ich Zahnarzt werde. Sein Vater war Zahnarzt gewesen und mein älterer Bruder war Zahnarzt. Also wurde ich natürlich auch einer. Ob es das Richtige für mich war? Ich habe nie darüber nachgedacht. Ich habe einfach pariert."

„Noch heute bin ich wütend auf meinen Vater, weil er mich nicht ermutigte, aufs College zu gehen. Er gab mir nur das Gefühl, nicht gut genug zu sein. Ich habe Erfolg im Leben gehabt, aber ich habe mich immer anderen unterlegen gefühlt."

Viele von Ihnen werden sich sofort daran erinnern können, was ihnen im Leben einmal wichtig war, andere eher nicht. Einige von Ihnen haben an ihren Leidenschaften festgehalten, andere haben sie aufgegeben. Auch davon werden sich wieder einige sofort an ihre Träume und Ziele erinnern können und andere nicht. Um das Wiederfinden verlorener Leidenschaften zu erleichtern, können Sie sich fragen, was Sie als Kind oder Jugendliche(r) gerne taten. Und dann stellen Sie sich die Frage, ob Ihnen das, was Sie damals liebten, jetzt in Ihrem Leben fehlt.

Die Verbindung zu Ihrem wahren Ich wieder finden
Nehmen Sie Ihr Notizbuch und beantworten Sie die folgenden Fragen. Erinnern Sie sich so weit zurück wie Sie können ...

- Was machten Sie wirklich gerne?
- Worin waren Sie wirklich gut?
- Was wollten Sie mehr als alles andere im Leben?
- Was waren Ihre Fantasien, Träume, Visionen?
- Welches Talent oder welche Gabe ist in Ihnen verborgen?
- Was würden Sie tun, wenn Sie Ihr Leben noch einmal von vorn beginnen könnten?
- Welche Dinge möchten Sie tun, bevor Sie sterben?
- Was macht Sie glücklich?
- Was sind Ihre unerfüllten Ziele?
- Was bereuen Sie am meisten?
- Was war Ihr Sinn/Ziel im Leben?
- Haben Sie sich als Individuum verwirklicht?
- Wessen Stimme hat Sie aufgehalten? Ihre eigene? Die der Eltern? Sowohl als auch? Auf welche Weise?
- Wenn Sie mit Ihrer Mutter oder Ihrem Vater heute darüber sprechen könnten, was würden Sie sagen?
- Gab es etwas in Ihrer Persönlichkeit, das sich nicht entwickeln konnte?
- Existiert noch, was Sie besonders oder einzigartig macht?
- Inwieweit sind Sie wie Ihre Mutter oder Ihr Vater?
- Inwieweit sind Sie anders als Ihre Mutter oder Ihr Vater?
- Hatten Ihre Eltern Leidenschaften? Welche?
- Was lernten Sie von Ihren Eltern über Leidenschaften?
- Sollten Leidenschaften im Hintergrund bleiben? Oder im Vordergrund stehen?
- Würden Sie sagen, dass Ihre Eltern Ihre Leidenschaften förderten oder nicht?
- Was lernten Sie von Ihren Eltern über die Wichtigkeit, ein glückliches und zufriedenes Leben zu führen?

Die wiederhergestellte Einheit

Die Einheit unseres Ichs wird wiederhergestellt, indem wir
Energien oder verlorene Teile des Ichs zurückgewinnen. Das Ich
verändert sich und wächst. Matt (56) sagte mir: „Als ich den
Sport wieder entdeckte, begann ich mich jung zu fühlen. Trotz
meines Muskelkaters sagte mir mein Verstand, dass ich den Ball
warf wie ein Teenager. Es machte nichts, dass ich es langsamer
angehen musste, es war nur wichtig, den Ball in der Hand zu
spüren und das Geräusch zu hören, wenn er ins Netz traf."

Dem Verlust wohnt die Kraft und Fähigkeit inne, die
verborgenen Teile des Ichs wieder hervorzuholen. Es gibt
immer wieder Fälle von Waisen, die eine erstaunliche kreative
Fähigkeit an den Tag legen.

Sind Sie jetzt überrascht, dass Sie so lange ohne bestimmte
Teile Ihres Ichs gelebt haben? Haben Sie etwas Neues über sich
herausgefunden? Auf die Frage, welche Teile ihres Ichs sie
wiedergewonnen haben, nannten meine Gesprächspartner am
häufigsten:

- den kreativen Teil,
- den künstlerischen Teil,
- den reiferen Teil,
- den verantwortungsbewussten Teil,
- den mitfühlenden Teil, der sich für andere Menschen
  interessiert,
- den Teil, der die Natur schätzt,
- den Teil, der sich für geschäftliche Dinge interessiert,
- ein bestimmtes Talent,
- die Fähigkeit, frei zu denken,
- einen emotionalen Teil.

Veränderungen gab es in vielen Bereichen, einige davon sind
im Folgenden aufgezählt:

Körperlich: Körpergefühl entwickeln, die Liebe zur Bewegung ausleben, Sport treiben wie: Skifahren, Radfahren, Laufen, Seilspringen, Tennis, Golf, Bogenschießen, Tischtennis, Fliegen, Kanu fahren. Andere Formen der Bewegung wie Tanz, Gymnastik, Jazzercise, Karate, Pilates-Training, Yoga oder handwerkliche Fertigkeiten wie zum Beispiel Tischlern.

Emotional: Tiefe Gefühle zulassen, lachen, weinen, der Intuition folgen.

Intellektuell: Klarer denken, eigene Wahrnehmung und eigenes Denkvermögen pflegen, mentale Prozesse schätzen, neue Ideen haben und mitteilen, Bücher lesen und Bücher aus der Vergangenheit wieder lesen, Zeit in der Bücherei verbringen.

Mitfühlend: Mehr Leute lieben, tiefer lieben, Menschen mehr brauchen, bedingungslos lieben, lernen andere zu loben, karitativen Impulsen nachgehen, Urteilsfähigkeit bewahren, auch dann, wenn kontroverse Gefühle auftreten.

Kreativ: Kreative Fähigkeiten wie Singen, Tanzen, Malen, Zeichnen nachgehen, Scrapbooks anlegen, fotografieren, ein Instrument spielen, Sprachen lernen und sprechen, Prosa und Lyrik schreiben, sich selbst und andere inspirieren.

Spirituell: Tieferes Bewusstsein für Geist und Seele entwickeln, menschliche Beziehungen vertiefen, Heilkünste studieren, andere Perspektiven erschließen, religiöse Praktiken ausüben, andere Religionen studieren, meditieren, sich für Astronomie oder Astrologie interessieren, die Weltsicht erweitern, sich des eigenen Todes und damit auch des eigenen Lebens bewusst werden, die eigene Sterblichkeit akzeptieren.

Die Seele sprechen lassen

Wenn Sie zu Ihrem Geburts-Ich und seinen verlorenen Teilen Kontakt aufnehmen, wird die Einheit des Ichs wiederhergestellt und Sie fühlen sich stärker, wirklicher und selbstsicherer. Menschen mit einem Sinn für das Spirituelle haben das starke Gefühl, dass ihre Seele – der Teil des Ichs, der von Anfang an

da war und sie zu einem Individuum macht – erkannt wird. Als
Waise haben Sie die Chance, sich zu entwickeln, weil sie nun in
der Lage sind, Lebensentscheidungen frei zu treffen.

Sam, 54

„Als ich zu mir selbst zurückkam, traf ich die einzige
Wahl, die ich hatte, nachdem meine Eltern gestorben
waren. Es war eine Rückkehr zum meinem Ich, zu meiner
Seele. Diese Worte meinen alle das Gleiche: ‚Ich' ist der
psychologische Ausdruck und ‚Seele' der spirituelle. Ich
verstehe unter Seele das Gefäß, das mein Sehen, meine
Hoffnungen, Neigungen und meine innerste Natur enthält. Jetzt steht mir all das zur Verfügung, was mich
letztendlich definiert. Ich fand Zugang zu mir selbst. In
mancher Hinsicht hatte ich Teile meiner selbst verborgen,
während ich noch das Kind meiner Eltern war. Jetzt gibt
es keinen Grund mehr, sich zu verstellen.“

Viele Menschen verspüren die Freiheit, zum ersten Mal sie
selbst zu sein:

Marsha, 57

„Ich spürte den Verlust meiner Eltern, aber ich fühlte
mich auch so, als hätte ich eine neue Lebensperspektive
gewonnen, die direkt von meiner Seele gesteuert wurde.
Ich hatte alles im Griff, ich fühlte mich von innen heraus
angetrieben und zugleich verloren. Es war eine merkwürdige Verbindung von Gegensätzen. Meine Seele ist das,
was in mir steckt und seit meiner Geburt da ist. Sie trägt
all die Information, wer ich bin, ähnlich wie meine DNS,
aber es ist unmöglich, sie zu sehen. Die Gegenwart
meiner Eltern beeinflusste alles in meinem Leben. Seit
Ihrem Tod leitet mich meine Seele.“

Mit der Vorstellung, dass unsere Seele uns leitet, konnten sich viele Menschen identifizieren, die ich für dieses Buch interviewte. Dan (37) sagte: „Meine Seele sprach schon seit langer Zeit zu mir. Ich hörte sie, aber ich handelte nie nach ihr. Waise zu werden half mir, nach dem zu handeln, was nach meiner festen Überzeugung mein inneres Ich, also meine Seele ist."

Wir alle fangen im mittleren Alter an, über unsere Seelen nachzudenken, weil wir älter werden. Während wir sehen, wie die Jahre vergehen, spüren wir das Bedürfnis, anders zu leben: tiefer und spiritueller. Und während wir unsere Perspektive intensiver hinterfragen, wenden wir uns natürlich unserer Seele zu, die der wichtigste Teil unseres Seins ist.

Rob, 67

„Unsere Seele hat auch eine sehr handfeste Seite, diese ist natürlich und von Geburt an präsent. Das macht sie unentbehrlich und authentisch. Zu lernen, der Seele und ihren Ratschlägen zu vertrauen, das gibt dem Waisendasein seinen Reiz. Wenn der Verlust der Eltern auch positive Aspekte in sich birgt, dann ist es die Freiheit, das zu tun, was die Seele möchte. Ich meine, hätten meine Eltern je akzeptieren können, dass ich eine Lachsfarm haben und in Island leben möchte? Ich glaube kaum. Hätte ich je gewagt, dorthin zu ziehen, solange sie am Leben waren? Ich glaube kaum!"

Ich kenne diese Dinge aus meiner eigenen Lebenserfahrung. Ich wollte tanzen. Meine Seele war die einer Tänzerin und sie wollte sich ausdrücken. Das wurde ihr jahrelang verweigert und ich habe keine Ahnung, wie mein Leben verlaufen wäre, hätte ich der Tänzerin in mir freien Lauf gelassen. Das ist ein Verlust. Viele von Ihnen werden ähnliche Verluste erlitten haben. Doch haben wir alle die Chance, das Beste aus dem zu machen, was wir haben, und vielleicht bringt Ihr Waisendasein auch eine ganze Reihe neuer und aufregender Möglichkeiten und Chancen mit sich.

Wer bin ich jetzt?

Die wiederhergestellte Einheit verändert alles an Ihnen: Wie Sie sich selbst sehen, wie Sie sich selbst wahrnehmen, welche Teile von Ihnen nach Ausdruck und Bestätigung suchen. Sie werden die jahrhundertealte Frage „Wer bin ich?" auf andere Weise stellen als jemals zuvor.

Männer handeln, Frauen fühlen

„Handlungsorientiertes Umgehen mit einer Situation kann, anstatt zu einem verletzlichen Ich zu führen, die unmittelbare Beherrschung verstärken und die Selbstachtung heben."[32]

Männer, mit denen ich sprach, gingen auf die folgenden Arten handlungsorientiert mit dem Tod der Eltern um:

„Ich schlug meiner Frau und meinen Kindern vor, woanders hinzuziehen, nachdem meine Eltern gestorben waren."

„Ich orientierte mich beruflich um."

„Ich kämpfte darum, die Kontrolle zu behalten – für meine Familie."

„Ich kaufte ein neues Auto."

„Ich strich das Haus neu an."

„Ich war entschlossen, alles beim Alten zu belassen."

Männer gehen anders mit Trauer und Verlust um als Frauen. Deshalb ist es wahrscheinlich, dass sie auch nicht die gleichen Veränderungen vornehmen wollen wie Frauen. Für das Trauern von Männern gibt es vier Hauptstrategien:

- die Trauer kontrollieren,
- handeln (beispielsweise den Familiennotar anrufen, anstatt das Gefühl des Verlustes zuzulassen),
- erkennen, das heißt im Leben des Verstorbenen einen Sinn finden, und
- schließlich alle Traurigkeit für sich behalten.[33]

Männer sind oft bemüht, die Kontrolle über ihre Trauer zu behalten. Männer wollen denken und handeln, während Frauen eher dazu bereit sind, Gefühle zuzulassen. Außerdem wollen Frauen öfter ihre Gefühle mit Freunden und Familie teilen. Mike (50) sagte dazu: „Als unser Vater starb, reagierten meine Schwester Pattie und ich völlig unterschiedlich. Sie weinte offen, ich tat das nicht. Sie sprach mit anderen über ihren Schmerz und ich behielt meinen für mich. Sie wurde oft von Gefühlen überwältigt, ich war derjenige, der die finanziellen Angelegenheiten und den Nachlass regelte. Ihr fiel es viel leichter, über ihre Gefühle und die Veränderungen in ihrem Leben zu sprechen."

Hier ist eine kurze Liste unterschiedlicher männlicher und weiblicher Reaktionen auf den Tod der Eltern:

SCHWESTER	BRUDER
„Ich bin umgezogen."	„Ich habe nichts gemacht."
„Ich gab meinen Beruf als Anwältin auf."	„Ich behielt meinen Beruf bei."
„Ich trennte mich von meinem Mann."	„Ich heiratete."

„Ich entdeckte mein Interesse für Kunst wieder."	„Ich fuhr in den Urlaub."
„Ich übernahm das Familienunternehmen."	„Ich kümmerte mich um die rechtliche Seite des Familienunternehmens."
„Ich nahm Mutter zu mir."	„Ich besuchte Mutter und meine Schwester öfter."

Wie Geschwister reagieren
Beantworten Sie in Ihrem Notizbuch die folgenden Fragen:

• Denken Sie an Ihre eigene Familie. Welchen Effekt hatte der Tod Ihrer Eltern auf Ihren Bruder oder Ihre Brüder? Auf Ihre Schwester oder Ihre Schwestern?
• Welche Unterschiede sind Ihnen an den Reaktionen enger Freunde und deren Geschwistern auf den Tod ihrer Eltern aufgefallen?
• Haben Sie mit Ihren Geschwistern über den Tod Ihrer Eltern gesprochen?

Das unsichtbare Ich überwinden

Viele, die meine Fragen beantworteten, schilderten den gleichen Prozess. Zuerst erkannten sie, dass ihr Ich sich infolge des Verlustes veränderte. Dann folgte die Anpassung an die veränderten Bedingungen von Macht, Autorität und Freiheit. Schließlich stellten sie sich die Frage, wie unsichtbar ihr wahres Ich gewesen war, und begannen, sich damit auseinander zu setzen. Diese Erkenntnis hatte Reue und Schmerz zur Folge. Amy (43) bemerkte dazu:

„Ich hatte vergessen, wie wenig meine eigene Mutter und mein Vater verstanden hatten, wer ich war. Es ist so eine Schande, weil es mir jetzt wirklich gut geht und ich gar nicht verstehen kann, wie ich mich vor langer Zeit daran hinderte, ich selbst (und großartig) zu sein. Es war ein Kombination aus ihren und meinen Anforderungen: Sie wollten, dass ich brav war, und ich wollte es ihnen recht machen. Ich war unreif und ganz sicher nicht selbstbewusst genug."

Selbsterkenntnis ist der erste Schritt, sein wahres Ich wieder zu finden. Dann muss man sich fragen, welche Teile seiner selbst man ausleben will und wie. Eine gute Hilfe ist es, alles aufzuschreiben. Meine Gesprächspartner sprachen von Schuldgefühlen, Traurigkeit, Reue, Zorn und Depressionen darüber, dass sie sich ihren Eltern gegenüber unsichtbar gefühlt hatten. Häufige Aussagen von Gesprächspartnern waren:

„Sie kannten mein wirkliches Ich nicht."

„Hätten sie mich gekannt, dann hätten wir uns näher gestanden und ich hätte mich viel authentischer gefühlt."

„Vielleicht hatte ich deshalb mein ganzes Leben lang unterschwellige Depressionen – weil ich mich von Mutter und Vater nie verstanden fühlte."

Oft empfanden diese Waisen auch einen ganz persönlichen Verlust:

„Es ist eine Schande, dass ich nicht mehr ich selbst gewesen war."

„Ich fühle mich so stark, ich wünschte, ich hätte früher diese Person sein können."

„Es ist eine bittersüße Erfahrung, so viel von mir selbst zu haben, nachdem ich so viel von ihnen verloren habe."

Wenn Sie das Gefühl haben, in der Vergangenheit nicht ganz Sie selbst gewesen zu sein, dann können Sie sich in der Gegenwart selbst gewinnen. Oft haben Menschen das Gefühl, dass die Eltern ihre neuen Stärken geschätzt hätten. Zum Beispiel wäre „dieses neue Verantwortungsbewusstsein sehr nützlich gewesen im Umgang mit Mutters Ärzten." Es ist leichter, wichtige Entscheidungen über die Pflege der Eltern zu treffen, wenn man sich stark und entschlossen fühlt und nicht klein und verunsichert. Sie können besser mit den bevorstehenden Ansprüchen an Ihre Zeit und Energie umgehen, wenn Sie sich stärker und nicht schwächer fühlen.

Die Wunschliste

Es kann hilfreich sein, in Ihrem Notizbuch eine Liste der Dinge zu machen, die Sie für sich selbst zurückholen wollen – eine Art Wunschliste. Hier sind einige Beispiele für Dinge, die andere in ihre Wunschliste aufgenommen haben:

- „Ich wünschte, ich könnte unabhängiger sein."
- „Ich wünschte, ich könnte glücklicher sein."
- „Ich wünschte, ich könnte mehr mit mir zufrieden sein."
- „Ich wünschte, ich könnte weniger praktisch sein."
- „Ich wünschte, ich könnte Bildhauerin sein."
- „Ich wünschte, ich hätte mehr Zeit zum Golfspielen."
- „Ich wünschte, ich könnte in Rente gehen und Bücher schreiben."
- „Ich wünschte, ich wäre gesünder."
- „Ich wünschte, ich wäre in der Lage, mit einem Lachen über Dinge hinwegzugehen."
- „Ich wünschte, ich wäre unbeschwerter."
- „Ich wünschte mir mehr Zeit für Urlaub mit der Familie."
- „Ich wünschte, meine Ehe wäre besser."
- „Ich wünschte, ich hätte eine engere Beziehung zu meinen Verwandten."

- „Ich wünschte, ich könnte aufhören soviel nachzudenken."
- „Ich wünschte, ich könnte noch einmal zur Schule gehen."
- „Ich wünschte, ich könnte nach Paris ziehen."
- „Ich wünschte, ich könnte nach Hause zurückgehen."
- „Ich wünschte, ich könnte wieder mit meiner Tochter zusammenleben."
- „Ich wünschte, ich könnte singen."
- „Ich wünschte, ich könnte Fotografin werden."
- „Ich wünschte, ich könnte die Person sein, die ich sein will."
- „Ich wünschte, ich wäre liebevoller."
- „Ich will ein Lied schreiben."
- „Ich will auf den höchsten Gipfel klettern und dort meditieren."
- „Ich wünschte, ich könnte auf dem Land leben."

Machen Sie Ihre eigene Wunschliste und haben Sie keine Hemmungen, dabei auch Dinge aufzunehmen, die Sie in dieser Liste finden. Nachdem Sie fertig sind, schreiben Sie einen Aktionsplan, in welchem Zeitrahmen Sie diese Dinge verwirklichen möchten.

Vom Wunsch zur Tat

Ideen und Vorstellungen in Handlungen umzusetzen ist ein wichtiger Aspekt des Veränderungsprozesses. Alles was Sie tun können, um sich voranzubringen, ist gut. Vergessen Sie nicht: Was Sie daran hindert, sich nach dem Tod der Eltern zu ändern, sind Schuldgefühle und Angst. Die Tatsache, dass Sie von diesem Verlust profitieren können, hat oft negative Gefüh-

le zur Folge. Geben Sie sich die Erlaubnis zu wachsen oder
finden Sie jemanden, der Ihnen diese Erlaubnis geben kann,
wenn Sie es nicht selbst können.

Die Kindheit aufgeben

Nachdem ich jahrelang Gespräche mit Patienten und Interviews über die Auswirkungen des Verlustes der Eltern geführt
habe, bin ich davon überzeugt, dass dies eine Zeit im Leben ist,
die für viele Veränderungen geeignet ist. Man kann beispielsweise:

- sich von seiner Familiengeschichte befreien,
- den Kontakt zur Familie verlieren,
- das Ich neu definieren,
- die Rollen von Macht und Autorität verschieben,
- alte Ziele neu entdecken und völlig erwachsen werden,
- sich verantwortlicher fühlen,
- die Endlichkeit des Lebens spüren,
- die eigene Sterblichkeit erkennen,
- die Konflikte mit den Eltern aus der Vergangenheit loslassen,
- lernen, die wesentlichen Dinge des Lebens zu schätzen wie
  Liebe, Menschen, Natur und die Schönheit des Lebens.

Das Leben präsentiert dem Menschen, der seine Eltern verloren hat, eine leere Seite, auf die er all die Worte schreiben
kann, die seinem Lebenszweck entsprechen. Sie bekommen
größere Verantwortung und haben die Chance, sich selbst und
Ihre Träume besser auszudrücken.
    Es gibt Gewinne und Verluste im Leben, diese Binsenweis-
heit trifft ganz sicher auch auf die Situation zu, nicht mehr
jemandes, sondern niemandes Kind zu sein. Wenn Sie Ihre

Unschuld verlieren, gewinnen Sie Bewusstheit; wenn Sie Ihre Unsicherheit verlieren, gewinnen Sie Autorität; wenn Sie Ihre Unentschlossenheit verlieren, gewinnen Sie Führungsqualität; wenn Sie Ihre Verantwortungslosigkeit verlieren, gewinnen Sie Beherrschtheit; wenn Sie die Kindheit verlieren, gewinnen Sie Ihr Ich. Sie verlieren Ihre Eltern und gewinnen inneren Mut, Einsicht und Stärke. Fürwahr eine Medaille mit zwei Seiten!

So merkwürdig es scheinen mag, das Leben nach dem Tod Ihrer Eltern kann die schönste Zeit Ihres Lebens werden. Sie haben gewissermaßen die Reifeprüfung abgelegt. Sie werden eine neue Rolle annehmen. Sie werden neue Fähigkeiten erkennen. Sie werden nach dem Verlust den Silberstreifen am Horizont entdecken. Sie sind frei, Sie selbst zu sein.

Ihr neues Leben und Ihre Beziehungen zu anderen

Von den ausgesprochenen Wünschen ist keiner wichtiger
als der Wunsch, „Herr seiner selbst zu sein",
denn ohne diesen ist nichts anderes möglich.

G.I. GURDJIEFF

Bis jetzt ging es in diesem Buch darum, wie Ihr Ich durch Ihre Umwelt beeinflusst wurde, wie es sich entwickelte, wie es innerhalb Ihrer Familie zum Ausdruck gelangte und wie es innerhalb der Familienstruktur funktionierte. Vor allem aber sollten Sie verstehen, wie Ihr Ich nach dem Tod der Eltern wachsen, wiederhergestellt werden und sich aufs Neue entwickeln kann.

Fünf Schritte zum neuen Ich:
1. Neu vorstellen
2. Wiederherstellen
3. Neu entzünden
4. Neu ordnen
5. Erneuern

Auf der Suche nach Nähe zu anderen

„Anpassung heißt, dass das Individuum Energie aufwendet, um eine neue Art Leben zu etablieren, mit neuen Chancen für Zufriedenheit und Zielerreichung."[34] Jetzt können Sie neue Energie freisetzen. Während des Anpassungsprozesses werden Sie den Drang verspüren, anders zu reagieren, so als ob in Ihrem Gehirn ein neues Programm installiert worden wäre und nun Ihre Handlungen lenke. Als jemand, der nun keine Eltern mehr hat, kann und wird sich Ihr Ich verändern. Die Erneuerung des Ichs ist ein Prozess, der voller Möglichkeiten steckt.

Veränderungen, die Sie erfahren haben

Das Folgende ist eine kurze Schreibübung für Ihr Notizbuch, um Ihre Aufmerksamkeit auf die Veränderungen zu lenken, die Sie nach dem Verlust der Eltern durchlaufen haben:

1. Beschreiben Sie Ihr altes Ich.
2. Beschreiben Sie Ihr neues Ich.

Ein Aspekt des erneuerten Ichs ist sein Engagement im Hinblick auf bestehende Beziehungen. Außerdem besteht oft ein entsprechendes Interesse an neuen Beziehungen.[35] Betroffene neigen dazu, zu sich zu sagen: „Ich werde diese Beziehung nicht aufgeben. Schließlich habe ich schon genug verloren und ich schätze diese Person, mit der ich zu tun habe, einfach zu sehr." Das, was Menschen verbindet, wird umso wichtiger angesichts der Gefühle, die Sie jetzt sich selbst und anderen gegenüber hegen. Menschliche Gefühle, Emotionen, Bedürfnisse und Werte wiegen schwerer als der Wunsch, sich zu distanzieren, um geschützt oder allein zu bleiben. Die Emotionen der Trauer schwanken zwischen Schock und Kummer, zwischen Akzeptanz und Ungläubigkeit, so dass es manchmal schwierig ist vorherzusagen, wie Sie sich an einem bestimmten Tag fühlen werden. Was als ein schöner Morgen beginnt, kann durch eine plötzliche Erinnerung an Ihre Eltern oder durch den Anblick von jemandem, der Sie an Ihre verlorene Mutter erinnert, völlig ins Gegenteil verkehrt werden. Der Verlust ist immer präsent. Er kann aber durch ein Telefongespräch mit jemandem, der Ihnen etwas bedeutet, gemildert werden. Um sich weniger isoliert zu fühlen, ist es hilfreich, wieder mit positiven Gefühlen in Kontakt zu treten. Das ist eine symbolische Hinwendung zum Leben. Tiefere und bedeutungsvollere Beziehungen helfen Ihnen, die Leere nach dem Verlust zu mildern.

Neue Beziehungen haben den Vorteil, dass sie einen Neuanfang möglich machen. Es gibt ein natürliches Verlangen, jemanden zu haben, der uns wichtig ist oder der sich in besonderer Weise für uns interessiert. Die Vorstellung eines Lebens ohne diese Person, die man hegen und lieben kann, kann große Ängste auslösen. Jeder, der auch nur ein Haustier verloren und sich nach einem neuen gesehnt hat, um den Schmerz und den Verlust zu überwinden, weiß, was das bedeutet. Psychologen sind sich darüber einig, dass es ein Bedürfnis gibt, eine Beziehung, die verloren geht, durch eine neue zu ersetzen. „Wäre meine Mutter nicht gestorben, hätte ich nie geheiratet!", gestand mir ein Mitfünfziger. Er erzählte mir in unserem Interview, dass er nie zuvor ein solches Bedürfnis nach einer tiefen Bindung verspürt oder zugelassen hätte. „Ich fühlte mich zum ersten Mal frei zu lieben!", erzählte mir ein Kollege Ende dreißig, kurz nachdem er Waise geworden war.

Obwohl die Veränderung der Persönlichkeit in dieser Zeit einzigartig und individuell ist, stimmte die Mehrzahl der Interviewten darin überein, dass neben verschiedenen anderen Transformationen in jedem Fall eine Veränderung in der Wahrnehmung und in der Bewertung von Beziehungen stattfand. Es ist nicht ungewöhnlich, dass eine Waise feststellt: „Ich brauchte oder liebte andere nie so wie jetzt."

Positive emotionale Folgen von Leid

Zu den positiven emotionalen Begleiterscheinungen des Kummers über den Verlust der Eltern gehört es, dass Sie sich selbst erlauben,

- sich verletzlicher und bedürftiger zu fühlen,
- sich mitfühlender und empfindsamer zu fühlen,
- sich vollkommener und erfüllter zu fühlen,
- sich reifer und verantwortungsvoller zu fühlen,
- sich liebevoller und liebesbedürftiger zu fühlen.

All diese Gefühle und Emotionen schaffen eine offenere und einnehmendere Atmosphäre für Beziehungen zu Menschen, die Ihnen etwas bedeuten.

Die Kehrseite des Verlustes der Eltern

Es ist wichtig, sich gemischte Gefühle einzugestehen. Neben einer neuen Fähigkeit zu lieben gibt es oft auch andere Erfahrungen, die dazu führen, dass die Betroffenen Beziehungen brauchen und suchen:

- das Gefühl, dass einem etwas genommen wurde,
- eine unerwartete Einsamkeit,
- ein tiefes Gefühl der Isolation,
- ein unerwartetes Gefühl, verlassen worden zu sein.

Veränderte Wahrnehmung

Hier sind einige der Aussagen von Menschen, die Veränderungen in ihren Beziehungen wahr genommen haben:

„Ich hatte das Gefühl, dass nicht nur die Welt für immer verändert war, sondern auch die Art, wie ich alle Menschen in meinem Leben betrachtete. Sie waren nun alle verwundbar, sie konnten alle sterben und ich wollte sie jetzt mehr denn je wertschätzen."

„Ich fühlte mich, als hätte ich meine besten Freunde verloren und wäre vollkommen einsam. Ich ging mehr als vorher auf andere zu."

„Mir wurde stark bewusst, wie sehr ich jetzt andere Menschen brauchte. Ich freute mich viel mehr darauf, Zeit mit anderen zu verbringen."

„Früher war ich scheinbar unabhängig. Nach dem Tod meiner Eltern genoss ich meine Abhängigkeit von anderen und erlaubte mir, etwas zu brauchen, meine Bedürfnisse zu fühlen und auszudrücken."

„Ich bin so dankbar für all die Unterstützung, die ich von meinen Freunden bekam, als meine Eltern starben. Ich glaube nicht, dass ich ohne diese Hilfe so gut zurechtgekommen wäre."

„Ich betrachtete meine Geschwister nicht mehr als selbstverständlich. Ich wollte sie als Erwachsene kennen lernen."

„Ich wusste, meine Schwester würde nie die Probleme vergessen, die wir zeitlebens miteinander hatten. Ich gab sie auf, aber ich begann neue Beziehungen, denen ich mehr Ehrerbietung entgegenbringe, und diesen Menschen komme ich näher."

„Mir wurde klar, dass ich einen männlichen Kumpel brauchte, aber wo findet man so jemanden, wenn man über fünfzig ist?"

„Haut und Knochen, so fühlte ich mich, einfach wund, wund, wund! Ich wünschte mir, von anderen umarmt zu werden."

Zuerst verändern sich die Werte

Die Erfahrung des Verlustes, das Gefühl der Einsamkeit, das Bewusstsein der Sterblichkeit und die Wertschätzung für das Leben – das alles führt dazu, dass nun andere Dinge als wichtig wahrgenommen werden.

Der Prozess kann so vor sich gehen:

- Sie werden Waise. Sie fühlen sich sofort viel verletzlicher. Dies manifestiert sich als ein Gefühl der Verlassenheit, Einsamkeit, Unsicherheit, Furcht, Angst vor der Zukunft, Unentschlossenheit, Unsicherheit, was zu tun ist, sowie dem Vermissen des/der Verstorbenen.
- Als nächstes betrauern Sie Ihren Verlust und beginnen mit dem Trauerprozess. Unterdessen bemerken Sie, dass Sie anders auf Dinge und Menschen reagieren. Sie fühlen sich empfindsamer: „Ich wusste, dass ich ein Problem hatte, als ich sah, wie ein großer LKW ein Eichhörnchen überfuhr und ich anfing zu weinen."
- Ihre Werte verändern sich. Sie sind weniger gehetzt. Sie wollen es langsamer angehen lassen und an jedem Tag etwas Lebenswertes finden. Sie wissen schließlich nicht, wie lange *Sie* noch zu leben haben. Sie wollen, dass jede Sekunde zählt.
- Sie verspüren den Drang, das Leben voll auszukosten. Sie sind Zeuge des Todes geworden, Sie wollen das Leben: „Ich kann nicht mehr darauf warten, dass meine Ehe besser wird, das wird nicht passieren! Ich will jetzt eine Veränderung!"
- Sie entscheiden sich für das Leben.
- Ihre Sinne sind erwacht. Die Natur ist Ihnen jetzt viel wichtiger. Sie suchen natürliche Räume auf. Ihre Empfindungen und Augen sind wacher geworden. Ihr Herz wurde geöffnet.
- Sie beginnen all die Menschen hochzuschätzen, denen Sie nahe stehen und die Sie lieben.

Es kann auch Folgendes geschehen:

- Sie verlieren einen Elternteil und Sie fühlen sich schlecht, traurig, unbehaglich, aber Sie standen dem/der Verstorbenen nicht wirklich nahe oder die Beziehung war noch von Konflikten überschattet und Sie empfinden schließlich Schuld, Zorn, Groll.
- Sie trauern, aber Ihr Elternteil war nicht die wichtigste Person für Sie, nicht so wichtig wie für jemanden, der seine Beziehung zu den Eltern als eng bezeichnen würde.
- Sie passen sich an die Situation an.
- Sie bewegen sich vorwärts.
- Veränderungen können eintreten oder ausbleiben.

Sie sind ein Individuum und Ihre gesamte Lebenserfahrung ist einzigartig. Das gilt auch für Verlust, Trauer und Transformation. Doch für alle Menschen gilt gleichermaßen, dass diese Zeit das Potenzial für Veränderungen in sich trägt, welcher Art auch immer.

Dinge, an die Sie sich erinnern sollten:
- Es gibt mehr als eine Art von Elternbeziehung.
- Es gibt mehr als eine Art von Verlust.
- Es gibt mehr als eine Art von Trauer.
- Es gibt mehr als eine Art von Veränderung.

Viele Menschen sind äußerst überrascht, wenn ihnen bewusst wird, wie groß ihre Trauer um die Eltern ist. Wir müssen alle damit rechnen, dass unsere Eltern vor uns sterben, trotzdem kann das Ausmaß der Trauer schockierend sein und ganz anders als das, was man vielleicht erwartet hat. Der Verlust eines geliebten Menschen gehört zu den schwierigsten menschlichen Erfahrungen – vielleicht ist es die schwierigste überhaupt. Es sollte Sie nicht überraschen, wenn der Verlust der Eltern Sie aus dem Gleichgewicht bringt.

Was hilfreich zu sein scheint, sind Liebesbezeugungen, Förderung und Unterstützung durch andere. Zu keiner anderen Zeit ist die liebevolle Geste einer anderen Person so heilsam wie jetzt. Die Unterstützung, die Sie von Familienmitgliedern, vom Partner und von Freunden bekommen, kann Ihnen durch diese Übergangszeit hindurchhelfen.

Maddie, 46
„Ich hätte es ohne Freunde und meinen Mann nicht geschafft. An den Tagen, an denen ich wie gelähmt war, halfen sie mir, meinen Verpflichtungen nachzukommen."

Wie wichtig andere für Sie sind

Wenn Sie eine oder beide Ihrer primären Beziehungen verloren haben, Mutter und/oder Vater, ist das physische Band zu ihnen zerschnitten, auch wenn das spirituelle Band bestehen bleibt. Das ist sehr schmerzhaft und nicht zu unterschätzen. Ihre Eltern gaben Ihnen bedingungslose Liebe und Unterstützung. Obwohl sie auf einer spirituellen und symbolischen Ebene weiterexistieren, sind sie körperlich nicht mehr anwesend. Die Unterstützung und das Gefühl der Zugehörigkeit, die Sie mit den lebenden Eltern verbanden, fehlen nun.

Anstelle dieser Beziehungen wird Ihnen die Chance auf Unabhängigkeit, persönliche Stärke und Wachstum geschenkt. Doch der Verlust dieser wichtigen primären Beziehungen hat das Bedürfnis nach anderen Beziehungen zur Folge. Die neue Wertschätzung für andere sorgt dafür, dass Sie andere Menschen in Ihrem Leben von Herzen willkommen heißen.

„Ich brauchte Menschen auf andere Weise", berichtete Sammy (36), als Sie Waise geworden war. Hier sind noch einige andere Reaktionen:

„Ich habe zum ersten Mal das Gefühl, andere Menschen zu brauchen."

„Mein Bedürfnis nach anderen Menschen ist stärker geworden."

„Mir fällt auf, dass ich mehr als vorher auf andere zugehen will und muss."

„Mein Bedürfnis nach anderen hat sich verändert, es ist größer geworden."

„Es hat sich etwas verändert; ich bin anderen gegenüber toleranter geworden und auch geduldiger den Stimmungen und Bedürfnissen meiner Frau und Kinder gegenüber."

„Ich verspüre das Bedürfnis nach persönlichem Kontakt zu meinen Freunden öfter als vorher."

Das Bedürfnis nach Beziehungen zu anderen

Es ist merkwürdig, aber oft erleben die Betroffenen nach dem Tod der Eltern unterschiedliche Beziehungen intensiver. Beispiele dafür sind: Beziehung zu sich selbst, Beziehungen zu Familienmitgliedern, Beziehungen zu den eigenen Kindern, Beziehungen zu anderen geliebten Menschen und Beziehung zum Leben selbst. Es findet eine existenzielle Verschiebung in der Lebensphilosophie statt. Diese Verschiebung tritt ein, weil Ihnen während der Auseinandersetzung mit den in diesem Buch beschriebenen Fragen im Zusammenhang mit dem Tod der Eltern (Veränderungen der Rolle, Bewusstsein der Sterblichkeit, größere Verantwortung, Reuegefühle wegen fehlender Versöhnung mit den Eltern und so weiter) klar wird, dass sich etwas in Ihrem Leben grundsätzlich verändert hat.

Sie waren jemandes Kind, lebten sehr auf sich selbst bezogen, vielleicht sogar selbstzentriert oder egoistisch. Das ändert sich, wenn Sie ohne Eltern sind und bemerken, dass Ihr Bedürfnis nach anderen Menschen stärker wird. Es wird wichtiger, Zeit mit anderen zu verbringen, Verbindungen mit anderen einzugehen und ihnen gegenüber aufmerksam zu sein. Der Schmerz des Alleinseins ist groß genug, um Sie dazu zu veranlassen, Ihre Prioritäten zum Beispiel in Bezug auf das Bedürfnis nach anderen Menschen neu festzulegen.

Marta, 38

„Nie zuvor in meinem Leben waren meine Familie und meine Freunde so wichtig für mich wie in der Zeit, als Mutter und Vater starben. Ich musste mich als Teil einer Einheit fühlen; diese Menschen wurden mir schrecklich wichtig."

Die Bedeutung aller Dinge kann sich mit dem Tod der Eltern verändern. Das Leben fühlt sich zerbrechlicher an, Sie fühlen sich verletzlicher, das Leben ist wertvoller und enge Beziehungen werden wichtiger. Das Sinn des Lebens wird klarer. Der Tod wird real. Ihr eigener Tod erscheint plötzlich möglich. Sie sind als nächstes an der Reihe. Dinge, die Ihnen wichtig sind, sind plötzlich von besonders großer Relevanz, ob es sich um Menschen handelt, um Tiere, Beziehungen, Geist, Glauben oder um Gott.

Barbara, 54

„So miserabel es mir nach Mutters Tod ging, ich kann mich erinnern, dass ich aus dem Fenster schaute und dass mir die Bäume grüner vorkamen als je zuvor. In meiner Trauer fühlte ich mich verletzlich, offen und mit allen Menschen verbunden."

Der Verlust der elterlichen Beziehung muss getrennt vom Verlust der Person betrachtet werden. Ebenso wie Sie um die Person trauern, die Ihnen Förderung und Liebe entgegenbrachte, trauern Sie um den Verlust der Beziehung, die Sie gesund und funktionsfähig erhielt. Das Wissen um unser Bedürfnis nach Bindung und Nähe lässt uns die Größe des Verlustes besser verstehen. Der Verlust der elterlichen Beziehung, die sich mit keiner anderen Beziehung vergleichen lässt, hinterlässt eine Lücke, die unmöglich geschlossen werden kann. Ein gewisser Trost besteht allein darin, die Lücke durch ein vervollständigtes Ich und seine verloren geglaubten und wieder entdeckten Teile aufzufüllen.

Die Stärke der Verletzlichkeit

Wenn Sie am verletzlichsten sind, spüren Sie Bedürftigkeit, Emotionen und die Intensität von Gefühlen am stärksten. Der Verlust der Eltern ist ganz sicher eine solche Zeit. Es gibt viele Zeiten in unserem Leben, in denen wir uns verletzlich fühlen. Jede Krise kann diese Art von Sensibilität hervorbringen. Diese Sensibilität gegenüber den Dingen lässt Sie über Ihr eigenes Alter nachdenken, über Ihre Sterblichkeit, Ihre verbleibenden Tage und wie Sie das Beste aus jedem Tag machen.

„Als meine Mutter starb, veränderte sich alles: Alles, alles veränderte sich." Dieser Kommentar stammt von einem 45-jährigen Mann, der erfolgreich seine eigene Firma leitet. Er beschrieb seine Mutter als eine Frau, die ihrer Familie alles gab und nie etwas zurückbehielt. „Mein ganzes Leben änderte sich, angefangen von den Besuchen der Kinder bei der Großmutter, bis hin zu meinem Vater, der nun allein war. Jede Minute war anders. Zuerst weinte ich viel und brach oft zusammen. Jetzt stehe ich da mit diesem unglaublichen Verlust. Fühle ich mich frei? Nein! Es gab nichts, wovon ich mich hätte befreien können. Meine Mutter war so cool, ich konnte alles tun, was ich wollte."

Das Erleiden eines Verlustes der Eltern macht Menschen extrem verletzbar. Die meisten räumen ein, dass sie diese Erfahrung zwar nicht genießen, sie aber durchaus auch positive Seiten hat. Sie vermittelt ein neues Gefühl für den Zweck und die Richtung des Lebens, Stärke und Kraft, zarte Gefühle und Liebe für andere Menschen. Sie ist ein Teil dieser Übergangszeit im Leben und sie motiviert Sie zum Handeln.

Obwohl Verletzlichkeit den Menschen ein unbehagliches Gefühl bereitet, liegt in der Verletzlichkeit auch die Chance, eine stärkere Persönlichkeit zu erlangen. Verletzlichkeit auszuhalten:

- fördert ein Gefühl der Stärke,
- erlaubt Selbstbeobachtung,
- setzt Ideen frei,
- ruft den Wunsch hervor, sich mit anderen auszutauschen.

Barbara, 56

„Letzten Endes war es meine Verletzlichkeit, die mich durch die Veränderungen führte. Ich wollte einen anderen Beruf ergreifen, aber ich hatte Angst. Ich verspürte eine große Anspannung. Statt aufzugeben und nichts zu tun, erlaubte ich mir, Angst zu haben und informierte mich über verschiedene Job-Möglichkeiten. Es war eine schwierige Zeit für mich und ich musste eine Menge über mich lernen, doch mein Gefühl, dass ich mehr vom Leben wollte, trieb mich an. Meine Verletzlichkeit brachte mich in Kontakt mit mir selbst."

Mike, 48

„Nach dem Tod meiner Mutter wurde ich empfindsamer und es war ungewohnt für mich, so zu fühlen. Zuerst gefiel mir gar nicht, wie ich mich fühlte. Ich dachte, dass es nicht besonders männlich sei, so zu empfinden. Manchmal war es mir peinlich. Doch ich blieb dabei und erkannte, dass ich die Fähigkeit hatte, mein eigenes Leben zu steuern, und die Kraft, Dinge geschehen zu lassen."

Barbara und Mike haben beide erfahren, wie produktiv es ist, wenn Gefühle der Verletzlichkeit nicht zur Seite geschoben werden. Wenn man der Verletzlichkeit erlaubt, an die Oberfläche zu treten, bewusst mit ihr umgeht und sie aushält, empfindet man hinterher größeres Selbstvertrauen und Stolz.

Die Beziehung zum (Ehe-)Partner

Der Tod eines geliebten Menschen wirkt sich auf alle Beziehungen aus und kann große Umbrüche auslösen. Ehen sind in den meisten Fällen auf eine von zwei Arten betroffen: Sie werden entweder besser oder sie werden einem Prozess des Zerfalls unterworfen. Daneben gibt es einige, die so stabil bleiben wie sie waren. „Wie Veränderungen in anderen Beziehungen, so können auch die in der Ehe vorteilhaft, unvorteilhaft oder mehrdeutig sein."[36] Wenn es zu einer Verbesserung der Ehe kommt, dann ist der Grund normalerweise die unterstützende Haltung des Ehepartners, der keinen Verlust erlitten hat. Der Partner, der jemanden verloren hat, hat das Gefühl, dass der andere „für mich da war, als ich ihn brauchte", dass man „auf ihn zählen konnte", „er den Druck von mir nahm" oder allgemein gesagt rücksichtsvoll, freundlich, hilfreich und unterstützend war.

Wenn Ehen in einer solchen Situation besser werden, dann aufgrund dieser Hilfe, Fürsorge und Liebe, die der Hinterbliebene empfängt. Diese Fürsorge kann auf viele verschiedene Arten ausgedrückt werden: vom stillen Zuhören bis zum aktiven in die Arme nehmen; von der Hilfe bei den Beerdigungsvorbereitungen bis zum Verpacken der geerbten Gegenstände; vom Fahrdienst für den Hinterbliebenen zu verschiedenen Terminen bis hin zum Kochen für die Familie. Die Folge ist, dass das Band zwischen den Ehepartnern wächst und stärker wird. Der Hinterbliebene braucht Unterstützung und der andere Partner erfüllt dieses Bedürfnis.

Hier sind einige Beispiele für die Reaktionen von Partnern:

„Mein Mann tröstete mich, wenn ich weinte."
„Meine Frau sagte mir, dass Sie meinen Schmerz und meinen Verlust verstehe."
„Mein Mann nahm mir viele tägliche Gänge und das Kochen ab."
„Meine Frau kam ins Büro und brachte mir Essen."
„Mein Mann fuhr mit mir in den Urlaub."

Pat, 36
„Nach dem Tod meiner Mutter übernahm Mike jeden Abend das Kochen und spülte mit den Kindern zusammen. Dafür werde ich ihn immer lieben. Außerdem war er freundlich, nahm auf meine Gefühle und auf meinen Stress Rücksicht und forderte nichts von mir. Wir kuschelten viel und seine Umarmungen milderten meinen tiefen Schmerz."

Wo Ehen sich verbessern, spielen Verletzlichkeit und Bedürfnisse sicherlich eine Rolle. „Viele Leute berichteten, ihre Ehen und Partnerschaften seien nach dem Tod eines Elternteils merklich intensiver geworden. Die Betroffenen investierten offenbar stark in ihre privaten Bindungen und diese Investitionen wurden zum großen Teil belohnt."[37]

In der hier zitierten Studie von Debra Umberson wurde untersucht, welche Auswirkungen Trauer auf Beziehungen und insbesondere auf Ehen hat. Die Ergebnisse sind sehr aufschlussreich. Umberson kam zu folgender Schlussfolgerung:

„Verglichen mit den Beziehungen von Menschen, die nicht kürzlich ein Elternteil verloren haben, ist für die Beziehungen von Menschen, die vor kurzem den Tod ihrer Mutter erlitten, festzustellen, dass sie die soziale Unterstützung ihres Partners verlieren. Außerdem nehmen die negativen Verhaltensweisen des Partners zu. Die Beziehungen von Menschen, die kürzlich den Tod des Vaters erfahren haben, zeichnen sich durch eine Abnahme der Harmonie in der Partnerschaft sowie eine Zunahme von Stress und Konflikten aus.

Zwar gab es auch Probanden, die angaben, von ihren Partnern unterstützt worden zu sein, was ihren Trauerprozess erheblich erleichtert habe, doch viele Probanden lieferten detaillierte Berichte, welche Prozesse hinter der Verschlechterung einer Ehe nach einem Todesfall stecken.

Die fünf am häufigsten genannten Bereiche, die verantwortlich sind für die Belastung oder Verschlechterung der Ehe, sind:

- fehlende soziale Unterstützung,
- Weigerung oder Unfähigkeit des Partners, über den Tod zu sprechen,
- fehlendes Mitgefühl des Partners,
- übertriebene Erwartungen und Forderungen des Partners,
- Befreiung.“[38]

Die Gründe hierfür können bereits in der Partnerwahl liegen. (War es eine gute Wahl oder wollte man es mit dieser Heirat vor allem den Eltern recht machen?) „In einige Fällen wurden die Ehen oder Partnerschaften geschwächt oder gingen ganz auseinander. Der Tod der Eltern brachte die Nachkommen dazu, ihre Beziehungen ernsthaft zu prüfen und sich zu fragen, ob sie den Rest ihrer Tage mit ihren Partnern verbringen wollten – angesichts der Erkenntnis, dass das Leben erstaunlich kurz ist."[39]

Trauer schürt die Emotionen – davon sind alle Beziehungen betroffen. Besonders im Bezug auf Lebens- oder Ehepartner besteht dabei die Gefahr, dass man zu sehr fordert, zu viel braucht, zu gereizt oder zu kritisch ist. Diese Zeit stellt hohe Anforderungen und gibt den Betroffenen manchmal das Gefühl, dass sie nicht mit ihrem Leben oder den Bedürfnissen des Partners fertig werden können. Oft fragen sich die Menschen: „Wie kann ich mich angemessen um meine Familie kümmern, wenn ich so verzweifelt und voller Schmerz bin?" – ohne eine befriedigende Antwort zu finden. Ehepartner haben oft das Gefühl, dass der kranke und nun gestorbene Elternteil ihnen „Zeit gestohlen hat", was ganz sicher die eheliche Beziehung belastet.

Carol, 39

„John war immer auf meine Beziehung zu meiner Familie eifersüchtig, fühlte sich immer ausgeschlossen und mit ihnen verglichen unwichtig. Ich bin überrascht, dass meine Ehe die langen Jahre überstanden hat, in denen meine Eltern krank waren. Die Zeit, die ich brauchte, um nach ihrem Tod ihre Angelegenheiten zu regeln, belastete mein Familienleben wirklich. John unterstützte mich nicht, er fühlte sich ausgeschlossen und war die ganze Zeit wütend. Ich werde ihm vielleicht nie vergessen können, wie er sich benahm, sogar am Tag der Beerdigung. Wir waren so weit auseinander und dabei hätte ich seine Hilfe dringend gebraucht ... aber ich bekam sie nicht."

Andererseits kann der Tod eines Elternteils die Zeit beenden, die emotional und körperlich viel von allen Beteiligten gefordert hat. Wenn die Eltern nicht mehr gepflegt werden müssen, hilft das Wegfallen dieser zusätzlichen Verantwortung oft der

Beziehung. Doch Carols Geschichte ist leider nicht ungewöhnlich und in einer solchen Situation sind weitere Probleme in der Ehe zu erwarten. Äußern sich Konflikte, die vorher schon latent vorhanden waren? Oder ist der eheliche Konflikt eine Folge des Todesfalls? Die negativen Folgen des Todes der Eltern können auf jeden Fall psychischen Stress, Alkoholmissbrauch und Gesundheitsprobleme fördern.

Fehlende soziale Unterstützung

Wenn der Partner des Hinterbliebenen dessen emotionale Bedürfnisse nicht erfüllt, kann das zu Wut, Frustration und Enttäuschung führen. Manchmal verweigert auch ein Partner, der normalerweise hilft und tröstet, in dieser speziellen Situation die Unterstützung. Vielleicht liegt das begründet in der Intensität der Umstände oder in persönlichen Berührungsängsten mit dem Thema Tod und speziell dem Tod der Eltern.

Cathy, 41
„Nicht genug, dass es mir so schlecht ging wegen Mutters Tod, mein Mann war emotional nicht verfügbar. Er verschwand einfach, was für mich alles noch viel schlimmer machte."

Johnny, 57
„Es muss etwas geben, was der Tod meines Vaters in meiner Frau ausgelöst hat. Sie war normalerweise immer für mich da, aber sie weigerte sich, mit mir über meine Trauer zu sprechen."

Verweigerung der Kommunikation

Für die Hinterbliebenen ist es wichtig, dass sie über ihren Verlust sprechen können. Wenn einer der Ehepartner sich weigert, mit dem anderen zu sprechen, leidet die Beziehung, und der Verlust und das Gefühl der Leere werden stärker empfunden. Cathy ist ein Beispiel: „Jedes Mal, wenn ich mit meinem Mann sprechen wollte, stellte er sich taub. So musste ich außer meiner Trauer auch noch mit meiner Frustration und Wut fertig werden."

Weil Ihr neuer Status als Waise Sie empfindlich und verletzlich macht, suchen Sie Nähe. Wenn Sie mit Ihrem Partner nicht über Gefühle reden können, wird daraus eine schwer zu ertragende Situation. Der Partner, der in diesen Zeiten nicht kommunizieren will, hat vielleicht ein Problem, mit intensiven Emotionen umzugehen oder ist gehemmt, sich auf das Thema Tod und Trauer einzulassen. Das Resultat ist, dass der Hinterbliebene sich noch mehr allein fühlt. Das kann auch auf einen bereits vorhandenen, schwelenden Ehekonflikt hinweisen.

Mitgefühl

Mitgefühl, Mitleid und emotionale Unterstützung sind die Geschenke einer liebevollen Beziehung. Für ein Paar in einer Krise gibt es nichts Wertvolleres. Sue (52) sagte: „Während der ganzen Zeit, als meine Mutter krank war und starb, und auch während all der nachfolgenden Veränderungen in unserem Leben war mein Mann einfach wunderbar. Er war ein Heiliger."

Sues mitfühlender Mann reagierte vorbildlich, weil er diese Qualitäten bewies:

- Offenheit für die Gefühle des Partners,
- Bereitschaft, in jeder Situation für den anderen da zu sein, ohne Wenn und Aber,
- Interesse und Unterstützung für alle neuen Dinge, die der andere ausprobierte,
- eine ruhige und fördernde Haltung,
- eine mitleidende Haltung als Vorbildfunktion gegenüber den Kindern.

Hier sind weitere Kommentare von Menschen, deren Partner mitfühlend reagierten:

> „Er unterstützte mich dabei, Dinge zu verändern. Auch wenn er sich bedroht fühlte, ließ er mich machen, was ich wollte."
>
> "Sie mochte meine neuen Freunde."
>
> „Er half mir, jedes Zimmer unseres Hauses neu zu streichen."
>
> „Zum ersten Mal seit Jahren war sie nicht sauer, als ich Montagabend im Fernsehen Football schaute."

Menschen, die eine Verbesserung ihrer Ehe erlebten, entwickelten gemeinsame neue Interessen wie Golf- oder Tennisspielen oder Tanzstunden. Wenn beide Partner für das Neue offen waren, signalisiert das ein gestiegenes Zusammengehörigkeitsgefühl. Viele Partner unterstützen den Wunsch der Betroffenen, einschneidende Änderungen in ihrem Leben oder an sich selbst vorzunehmen, wie zum Beispiel sich fortzubilden oder sich einer Schönheitsoperation zu unterziehen.

Das Beenden negativer Beziehungen

Eine Reihe der von Umberson befragten Personen berichtete, dass die Belastungen der Beziehung nach dem Tod der Eltern schließlich zum Scheitern der Ehe führte. Die Ergebnisse der Studie legen den Schluss nahe, dass diese Ehen auch vorher schon problematisch, konfliktbeladen oder inkompatibel waren. Eines steht allerdings außer Frage: Die Tatsache, dass sie sich keine Gedanken mehr darüber machen mussten, wie die Eltern auf das Scheitern ihrer Ehe reagieren würden, gab vielen Menschen die Freiheit, eine Trennung oder Scheidung einzuleiten. Diese Möglichkeit hätten Sie vor dem Tod der Eltern vielleicht nicht in Betracht gezogen.

Zur Verdeutlichung sind hier einige der Faktoren, die als Gründe für eine Trennung oder Scheidung angeführt wurden:

- die Freiheit sich zu trennen oder scheiden zu lassen, weil die Eltern nicht mehr da waren,
- der wegfallende Druck zusammenzubleiben, solange die Eltern noch am Leben waren,
- die Ehe (anstelle einer festen Partnerschaft) war auf elterlichen Druck geschlossen worden,
- die Freiheit, unabhängig von elterlichen Erwartungen (religiös, kulturell, sozioökonomisch) heiraten zu können,
- die Freiheit, eine Ehe zu beenden, die eine Struktur oder Sicherheit bot, die den Eltern wichtig war,
- die Freiheit, einen Lebensstil zu wählen, in dem das Modell der Ehe nicht so wichtig ist,
- ein impulsiv erfahrenes Gefühl der Befreiung,
- die Freiheit, das neue Ich in der Welt zu erproben,
- die Fähigkeit, aus destruktiven oder konfliktbeladenen Beziehungsmustern auszubrechen.

Susanne, 46

„Ich heiratete meinen Mann, weil er geeignet war, meine Eltern ihn mochten und er mich ernähren konnte. War er eine gute Wahl für mein inneres Ich? Nein. Also verließ ich ihn, als meine Eltern starben."

Mike, 50

„Jeder in meiner Familie heiratete innerhalb der gleichen sozialen Schicht, das war wichtig. Als meine Eltern beide gestorben waren, konnte ich eine andere Wahl treffen – eine Wahl, die sie abgelehnt hätten, die aber gut für mich war."

Lara, 41

„Es war klar, dass ich früh heiratete, um zu Hause ausziehen zu können. Ich fühlte mich schrecklich missverstanden und unglücklich. Jetzt sind meine Eltern nicht mehr da. Meine Wahl des Ehemanns war nicht so gut. Ich habe mich entschlossen, ihn zu verlassen."

Hinterbliebene zeigen unmittelbar nach dem Tod eines Elternteils starke Reaktionen. Diese sorgen für Turbulenzen und können irgendwann auch wieder abnehmen. Das Bedürfnis, nach dem Tod der Eltern das eigene Leben zu ändern, kann irgendwann erlahmen, wenn man dem Impuls nicht nachgibt. Es ist immer eine gute Idee, der Zeit ihren Lauf zu lassen, wenn man nicht impulsiv oder übereilt handeln will. Doch die Qualität einer nicht zufrieden stellenden Ehe wird mit der Zeit nicht unbedingt besser werden.

„Der Hinterbliebene versucht, Beziehungen aufzubauen und zu vertiefen, um die Lücke, die die verstorbene Person hinterlassen hat, zu füllen."[40] Dies geschieht oft dadurch, dass der Hinterbliebene sich bei seinem Ehe- oder Lebenspartner zusätzliche Unterstützung holt. Ist diese nicht zu bekommen, sinken die Zufriedenheitswerte dieser Beziehung, was zu einer Belastung der Ehe oder Frustration führt. Die Folgen dieser Situation muss die betroffene Person selbst bewältigen, wie erfolgreich sie dabei ist, hängt von ihrer allgemeinen Fähigkeit ab, mit Stress oder Konflikten umzugehen. Andererseits werden in dem neuen Lebensstadium, dass viele neue Herausforderungen mit sich bringt und das Gefühl, zum ersten Mal im Leben frei zu sein, einige der gewohnten Mechanismen versagen und neue Strategien entwickelt werden müssen.

Bereitschaft zu Kommunizieren

Tommy, 49

„Meine Frau half mir dadurch, dass sie oft über den Tod meines Vaters sprach. Sie zwang mich nicht dazu, meine Gefühle zu diskutieren, aber sie fragte mich oft, wie ich mich fühlte, oder ob ich noch traurig sei. So wusste ich, dass sie um mich besorgt war und ihre sanften Nachfragen umgingen meine Abwehrhaltung."

Die typische Haltung eines Mannes ist, allein zu trauern. Frauen teilen ihre Trauer mit Freundinnen und Partnern. Oft erwarten sie, dass die Partner sich ihre Gefühle und ihren Schmerz anhören. Männer dagegen behalten ihre Gefühle meist für sich. Viele Männer berichteten, dass man sie daran erinnern musste, ihre Gefühle mitzuteilen oder sie regelrecht auffordern musste, sich selbst zu gestatten, ihren Schmerz und Verlust zu fühlen. Hier ist eine Liste von Fragen, mit denen Sie Ihren Partner vorsichtig daran erinnern, dass Sie an seinen Gefühlen interessiert sind:

- Bist du noch traurig?
- Hast du in letzter Zeit an deine Mutter/deinen Vater gedacht?
- Ich musste kürzlich an deine Mutter/deinen Vater denken.
- Was denkst du über ...?
- Heute war für mich ein Tag der Erinnerung an deine Mutter/deinen Vater, wie steht es mit dir?
- Du hast deinen Verlust in letzter Zeit nicht mehr erwähnt. Ich höre dir gerne zu, wenn du mit mir sprechen möchtest.
- Ich weiß, dass du an deine Mutter/deinen Vater gedacht hast, möchtest du mit mir darüber sprechen?
- Du bist beschäftigt mit Sachen, die mit dem Tod deiner Eltern zu tun haben. Kann ich irgendwie helfen?

Neue Ehen

Einige heiraten nach dem Tod der Eltern, weil sie sich einsam fühlen. Eine Ehe kann eine Reaktion auf das Bedürfnis sein, sich mit jemandem zu verbinden, sich als Teil einer anderen Person zu fühlen und dem tiefen Gefühl der Isolation zu entkommen, dass das Waisendasein mit sich bringen kann.

Eine Ehe, die in diesem Lebensalter begonnen wird, kann lohnend und erfüllend sein. Viele Veränderungen, auch psychologischer Natur, führen dazu, dass die Wahl des Ehepartners nach dem Tod der Eltern frei von elterlichen Urteilen erfolgen kann – das wirkt sich auf die Ehe meist positiv aus. Als ich einen bekennenden Junggesellen fragte, welche Veränderungen der Tod seiner Eltern nach sich ziehen könnte, sagte er: „Ich werde wahrscheinlich endlich heiraten."

Einige Menschen fühlen sich nach dem Tod der Eltern eher in der Lage zu heiraten, weil die Art von Partner, die sie heiraten möchten, für die Eltern nicht akzeptabel gewesen wäre aufgrund unterschiedlicher kultureller oder nationaler Zugehörigkeit, ethnischer Differenzen, Standesunterschiede oder Religionszugehörigkeit. Was ihre Eltern als adäquate Partnerwahl empfanden, stimmte nicht mit ihren eigenen Vorstellungen oder Bedürfnissen überein. Auch das Gefühl, älter geworden zu sein, kann oft dazu führen, dass man heiraten will, einfach um sein Leben mit jemandem zu teilen.

Sam, 47

„Ich war zwei Jahre lang mit dieser Frau ausgegangen und obwohl ich mich die ganze Zeit einer Heirat widersetzte, hatte ich nach dem Tod meiner Mutter – mein Vater war schon früher gestorben – das starke Gefühl, dass meine Zeit gekommen war. Es war Zeit, mit jemandem eine Bindung einzugehen. Ich bin sicher, es hatte mit meinem Verlust zu tun."

Sich wieder gut fühlen

Ich kann es nicht oft genug betonen: Trauer ist ein Prozess, sie muss ihren eigenen Verlauf nehmen können. Niemand kann Ihnen sagen, wann Ihre Trauer oder irgendeines der Gefühle, die mit der Trauer einhergehen, beendet sein werden. Es ist unfair, unrealistisch und unnatürlich, einem Hinterbliebenen vorzuhalten, er oder sie habe nun lange genug getrauert, weil „du sowieso viel zu abhängig von deinen Eltern warst" oder „sie schon so alt waren, dass es ganz natürlich war, dass sie starben" oder „es naiv war zu glauben, sie würden noch ewig leben".

Elternbeziehungen können die Quelle tief empfundener Geborgenheit oder großer Konflikte sein. In jedem Fall steht außer Zweifel, dass sie lebensbestimmend sind. Es ist klug, dies zu akzeptieren und es ist wichtig, dass Sie – aus all den genannten Gründen – nach dem Tod der Eltern mit Ihrem eigenen Leben weitermachen. Die Erholung kommt schrittweise – wahrscheinlich erst lange, nachdem die Eltern gestorben sind.

Es gibt keinen abschließenden Akt Ihrer gänzlichen Wiederherstellung. Wiederherstellung ist ein Prozess, der an einem Punkt Ihres Trauerprozesses beginnt. Die folgenden Aussagen fassen Aspekte der Wiederherstellung zusammen:

„Ich begann mich besser zu fühlen, als mein Interesse für meine Hobbys zurückkam."

„Ich wusste, dass es Hoffnung gab, weil meine Energie zurückkehrte."

„Ich hatte wieder Lust zu kochen."

„Mein Interesse am Sex kehrte zurück."

„Ich begann über einen Urlaub mit der Familie nachzudenken."

„Ich hatte keine Angst mehr vor dem Urlaub."

„Ich war nicht mehr böse auf meine Schwestern."

„Schon kurz nach dem Tod meines Vaters fing ich an darüber nachzudenken, was ich tun konnte, damit ich mich besser fühlte."

„Ich wachte früher am Morgen auf als vorher."

„Ich beschloss abzunehmen."

„Ich wollte wieder unter Leute gehen."

„Ich war nicht mehr so verbittert darüber, verlassen worden zu sein."

„Ich begann mein Haar wie meine Mutter zu tragen."

„Ich weinte nicht mehr, wenn ich mich ins Auto setzte, um auf den Friedhof zu fahren. Ich weinte erst, wenn ich dort ankam."

„Ich konnte wieder Fotos meine Vaters anschauen, ohne weinen zu müssen."

„Ich hörte auf zu denken, Mama würde durch die Tür hereinkommen."

„Ich konnte wieder über meine Eltern sprechen, ohne von Emotionen überwältigt zu werden und in Tränen auszubrechen."

Freundschaften

Freunde sind nun wichtig. Sie bieten Kameradschaft, Unterstützung und Fürsorge. Viele Freunde werden automatisch für Sie da sein. Doch auch wenn sie es nicht sind, können Sie sanft um das bitten, was Sie brauchen. Sie können zum Beispiel sagen: „Kannst du zu mir kommen und einfach ein Weilchen bei mir bleiben?" Oder Sie können fragen: „Was machst du morgen Abend? Ich hätte gerne Gesellschaft." Oder: „Kann ich für eine Weile zu dir rüberkommen?"

Ihre Freunde sind vielleicht gewöhnt, dass Sie stark sind und erkennen nicht sofort, dass sich Ihre Bedürfnisse geändert haben. Sie müssen ihnen mitteilen, dass Sie einen schrecklichen Verlust erlitten haben und dass Sie von ihnen Geduld erwarten. Sie können Ihren Freunden sagen, dass Sie Unterstützung und jemanden zum Zuhören brauchen – oder auch, dass Sie Hilfe bei der Betreuung Ihrer Kinder benötigen.

Von den gestiegenen Anforderungen an die Beziehungen der Betroffenen sind Freundschaften ebenso betroffen wie Ehen. Hinterbliebene brauchen die Unterstützung ihrer Freunde und müssen offen bleiben für zukünftige Beziehungen. „Eine meiner Freundinnen nahm einen Nachbarn, der seine Mutter vor kurzem verloren hatte, einfach in die Arme und wiegte ihn."[41]

Freunde können:

- Sie besuchen,
- Ihnen zuhören,
- emotionale Unterstützung geben,
- Gesellschaft sein/Aktivitäten planen,
- bei Ihnen sein,
- mit Ihnen zusammen kochen,
- Essen vorbeibringen,
- Sie zu Terminen fahren,
- als Babysitter einspringen,
- Sie in die Arme nehmen.

Joanne, 54
„Wären meine Freundinnen nicht gewesen, hätte ich mit meinem Leid ganz allein dagestanden. Ich habe keine Geschwister und meine Freundinnen waren meine Stütze."

Alan, 45
„In Stress- und Krisenzeiten merkst du, wer wirklich deine Freunde sind. Meine Freunde waren für mich da. Sie redeten meist nicht viel, aber ich spürte ihre Präsenz und ihre Unterstützung."

Wahrscheinlich haben auch einige ihrer Freunde bereits ihre Eltern verloren. Diese Freunde werden in der Lage sein, Ihre Verwirrung und ihren Verlust ohne große Erklärungen zu verstehen. Sie werden vielleicht entdecken, dass ein paar Ihrer Bekannten nur Schönwetterfreunde sind, aber dafür werden Sie Trost und Verständnis in wahren und dauerhaften Freundschaften finden.

Geschwisterbeziehungen

Oftmals geraten Geschwister nach dem Tod der Eltern in Streit und sind sich gegenseitig böse. Dahinter kann alles mögliche stecken, zum Beispiel das Gefühl, dass andere Geschwister mehr geliebt wurden, oder etwa die Überzeugung, dass andere zu Lebzeiten der Eltern materiell bevorzugt wurden.

In diesen Beziehungen geht es um die Frage, wer mehr Liebe bekam. Oft streiten sich die Geschwister nach dem Tod der Eltern erbittert um Besitztümer – mit einer erschreckenden Ahnungslosigkeit darüber, was eigentlich hinter diesem Streit steckt. Dabei kommt es nicht selten vor, dass diese Kämpfe unangenehme, unschöne oder sogar hässliche Formen annehmen. Besonders schwierig kann es werden, wenn der Streit um einen besonders geliebten Besitz der Familie geht: ein bestimmtes Foto, einen religiösen Gegenstand oder eine Antiquität. Oft gibt es keinen einfachen Weg, diese Art von Streit zu schlichten, außer man entscheidet sich zu teilen.

Die Zeit wird einige dieser Konflikte heilen. Irgendwann wird den Geschwistern oft klar, dass sie alle den gleichen Verlust erlitten haben, und sie beginnen, Mitgefühl für den anderen zu empfinden. Gemeinsame Erinnerungen und Gespräche über Ereignisse aus der Vergangenheit helfen ihnen, sich in der Trauer zusammenzufinden. Wenn sie das Verbindende unter Geschwistern wieder spüren, hören sie auf, Eifersucht zu empfinden. Schon die einfache Tatsache, dass sie den gleiche Verlust erlitten haben und gemeinsam damit umgegangen sind, kann Geschwister näher zusammenrücken lassen.

Wenn Sie den Konflikt beenden möchten, weil die Zeit allein es nicht konnte, müssen Sie in der Lage sein, persönliche Dinge zurückzustellen. Sie können den Konflikt überwinden, indem Sie:

- mitfühlend reagieren und mehr an andere als an sich selbst denken,
- Gegenstände aus dem Familienbesitz an die nächste Generation weitergeben.

Vergessen Sie dabei nicht, dass es wichtig ist, zu teilen, und ebenso wichtig, die Dinge zu benennen, die Sie haben möchten. Es ist völlig in Ordnung, dass jeder etwas bekommt und zu wissen, dass man nicht alles haben kann. Denken Sie immer daran, dass es der Verlust der Eltern ist, der den Schmerz verursacht, und nicht der Verlust ihrer Besitztümer. Sie können die Eltern nicht festhalten, gleichgültig welchen ihrer Gegenstände Sie besitzen. Die Erinnerung an Ihre Eltern wird letzten Endes ihr Vermächtnis sein.

Alle Geschwister haben einen Verlust erlitten und jeder von ihnen geht mit diesem Verlust auf individuelle Weise um. Manchmal wird den Geschwistern nach dem Ende der Streitereien und Kämpfe klar, dass sie die einzigen Hinterbliebenen sind, und sie verstehen sich wieder besser. Auch die Geschwisterbeziehungen können sich nach dem Tod der Eltern verändern. Oft stehen sich die Geschwister dann näher.

Francine, 63

„Ich hätte nicht gedacht, dass ich je wieder mit meiner Schwester reden würde, nachdem sie so gierig gewesen war. Sie hortete Mamas ganzes Zeug und teilte mir mit, sie würde alle Entscheidungen allein treffen, ohne mich zu fragen! Mein ganzes Leben lang wollte sie das Sagen haben. Ich erinnere mich, wie sie mich als kleines Mädchen herumschubste. Sie war die ältere und das ließ sie mich immer spüren."

Immer wenn es Probleme mit Macht und Autorität gibt, sind Geschwisterkonflikte vorprogrammiert. Dabei kann es darum gehen, wer das meiste Geld oder den größten Teil des Besitzes erbt, wer die Entscheidungen trifft, wer zur Bank gehen soll, um die Wertsachen aus dem Safe zu holen, wo die Papiere sind, wer zuerst da war, wer als Testamentsvollstrecker benannt wird, wer sich verraten fühlt und so weiter.

Auch die Pflege der kranken Eltern kann problematisch gewesen sein. Ein oder zwei Geschwister können das Gefühl haben, die Hauptlast getragen zu haben. Räumliche Nähe zum kranken Elternteil entscheidet oft darüber, wer die Eltern pflegt. Wenn Kinder nicht in der gleichen Region oder im gleichen Land wohnen, können sie nicht einen genauso großen Anteil an der Pflege tragen wie Kinder, die in der Nähe leben. Wie Familien die Pflege der Eltern organisieren und aufteilen, muss individuell entschieden werden.

Sue, 45
„Wir Geschwister teilten uns die Pflege für Mutter und Vater zu gleichen Teilen."

Patty, 36
„Ich war immer diejenige, die alles machen musste ..."

Auf die Frage, ob sich die Beziehungen von Geschwistern nach dem Tod der Eltern verbessert hätten, antwortete etwa die Hälfte der Befragten mit „Ja", die andere Hälfte mit „Nein". Ein Faktor, der bei diesen Veränderungen eine Rolle spielt, ist Zeit. Zeit verändert alles. Mit der Zeit können sich auch konfliktbeladene Geschwisterbeziehungen ändern. Mit der Zeit können sich Störungen in der Ehe wieder legen. Die Zeit verändert die Wahrnehmung und die Wahrnehmung verändert Verhalten und Einstellung. Aus diesem Grund ist es wichtig, sich Zeit zu lassen, wenn man sich entscheidet, welche Veränderungen man wirklich auf lange Sicht erreichen will.

Andere Familienmitglieder nehmen den Platz der Eltern ein – oder nicht

Der Impuls, den verlorenen Elternteil zu ersetzen, indem man sich an ein anderes Familienmitglied wendet, ist nicht ungewöhnlich. Brüder oder Schwestern der verstorbenen Eltern können in die Fußstapfen der Eltern treten. Sie können versuchen, die Rolle von Ersatzeltern zu spielen, und damit mehr oder weniger erfolgreich sein. Auch Ihre Reaktionen darauf können unterschiedlich sein.

Hier sind einige Gedanken und Erfahrungen zu diesem Thema:

„Meine Tante (die Schwester meiner Mutter) war immer die nächste Verwandte für mich. Als Mutter starb, tat sie natürlich ihr Möglichstes, um sie mir zu ersetzen. Dafür werde ich sie immer lieben."

„Papa starb und sein älterer Bruder rief meinen Bruder an und sagte ihm, er solle sich keine Sorgen machen, wir könnten uns immer an ihn wenden."

„Nach dem Tod meiner Eltern riefen ihre Geschwister mich und meine Schwester eine Zeit lang jeden Sonntag an. Als das aufhörte, fühlten wir uns wieder allein."

„Es gefiel mir, dass meine Tante und mein Onkel für mich und meinen Bruder taten, was sie konnten, aber ich wusste, dass ich erwachsen werden musste und nicht die Verantwortung an irgendjemanden abgeben durfte."

„Gut war, dass die gemeinsamen Familienessen wiederaufgenommen wurden. Zwar vermissten wir Mutter und

Vater, aber zumindest blieb der Rest von uns in Kontakt miteinander."

„Als Mutter starb, rückten wir vier Kinder nahe zusammen. Alles, was wir nun hatten, waren wir selbst."

„Keiner in der Familie konnte Mutter oder Vater ersetzen, aber einige Tanten und Onkel versuchten es eine Zeit lang, bis ihnen klar wurde, wie unmöglich es war, ihre Rollen auszufüllen."

Wenn Ihre eigene Macht und Autorität sich verschiebt und Sie anfangen, sich auf andere Weise als zuvor wie ein Erwachsener zu fühlen, werden Sie wahrscheinlich der Versuchung widerstehen, auf andere Familienmitglieder als Autoritätsfiguren zurückzugreifen. Unterstützung ist das eine, jemand anderen die Mutter- oder Vaterrolle einnehmen zu lassen, damit man nicht erwachsen werden muss, ist etwas anderes. Es ist ein Rückschritt.

Kinder

Maggie, 55

„Ich lerne meine Kinder immer mehr schätzen. In den Tagen unmittelbar nach dem Tod meiner Mutter betrachtete ich sie mit einem ganz neuen Gefühl der Verantwortung, Liebe und Verpflichtung für ihr Wohlergehen. Was für wertvolle Menschen sie sind, dachte ich. Was würde ich tun, wenn ihnen etwas zustieße?"

Das Geschenk, Kinder zu haben, darf man nicht auf die leichte Schulter nehmen. Wenn wir an diese jungen Menschen denken, denen wir das Leben gegeben haben, öffnet sich unser Herz und wir werden von Emotionen erfüllt. Der Tod der Eltern lässt uns in der Reihe der Generationen nach vorn rücken und wir fangen an, darüber nachzudenken, wie unser Tod unsere eigenen Kinder berühren wird. Was werden sie fühlen? Wie können wir ihnen am besten helfen, sich auf unser eigenes zukünftiges Ableben vorzubereiten? Sollten wir ihnen jetzt beibringen, sie selbst zu sein? Wie können wir dieses Ziel erreichen?

Menschen, die ihre Eltern verloren haben, berichten oft, dass sich in dieser Zeit eine größere Nähe zu ihren Kindern entwickelte. Die Betroffenen brauchen ihre Familie, füllen ihre Elternrolle mit größerer Leidenschaft aus, suchen Sinn und Verbindung, wollen gute Vorbilder sein und verspüren stärker als je zuvor das Bedürfnis, Liebe zu geben und zu bekommen.

Das größte Geschenk, das Sie Ihren Kindern machen können, besteht darin, Ihnen den Prozess der Selbstfindung vorzuleben. Das ist gut für ihre Entwicklung und für ihre dauerhafte Selbstachtung. Für ihre Kinder ist es wundervoll zu sehen, dass Sie zufrieden, erfüllt und glücklich sind. Es ist fabelhaft für sie zu sehen, welche Leidenschaft Sie dem Leben entgegenbringen. Sie geben ihren Kindern eine Botschaft mit auf den Weg – und Sie entscheiden, welche es ist: „Tu, was du willst", oder: „Tu, was ich von dir will". Ich hoffe, dass Sie sich für die erste Variante entscheiden.

Neue Beziehungen

Es gibt viele Gründe, die zu dem Entschluss beitragen, neue Beziehungen einzugehen, unter anderem:

- der Wunsch, sich von der Trauer zu erholen,
- das Bedürfnis, eine neue Identität zu finden,
- das Bedürfnis, das eigene Ich zu entdecken und sich an jemand Interessantes zu binden, vielleicht auch an jemand Ähnliches,
- das Bedürfnis, das verlorene Liebesobjekt zu ersetzen,
- das Bedürfnis, einen Kumpel oder Seelenverwandten zu finden,

- das Bedürfnis, eine Beziehung intensiv zu leben,
- das Bedürfnis, neu anzufangen,
- der Wunsch, durch eine andere Person Vollständigkeit zu erfahren,
- das Bedürfnis, jemanden zu finden, der keine Verbindung zur persönlichen Vergangenheit hat.

Die dramatischste Geschichte, die ich zu hören bekam, erzählte mir eine Frau. In der Regel sind Frauen eher bereit, über ihre emotionalen Erfahrungen zu sprechen.

Cathys Vater war 20 Jahre bevor sie ihre Mutter verlor gestorben. Sie lebte mit ihrem Mann und drei Kindern in einer großen Stadt. Zwei ihrer Kinder gingen aufs College, das dritte war leicht behindert und besuchte eine Sonderschule. Cathy war eine erfolgreiche Karrierefrau. Ich erwähne das, um festzustellen, dass sie stark und leistungsorientiert war, hart arbeitete und von Zeit zu Zeit ihre Karriere über ihre Familie stellte. Sie selbst hätte sich als fürsorglich, gewissenhaft, loyal, vertrauenswürdig und menschenfreundlich beschrieben.
Sie gab zu, dass eine Affäre, die sie kurz nach dem Tod der Mutter mit einem Arbeitskollegen hatte, angesichts ihrer vorherigen moralischen Strenge schockierend für sie war. Es war etwas, das ihr peinlich war, trotz der Tatsache, dass die Beziehung ihr Leben veränderte.
Sie kannte den Mann seit mehreren Jahren und war auch während seiner schwierigen und teuren Scheidung mit ihm befreundet gewesen. Sie war sich ihrer Verletzlichkeit nach dem Tod der Mutter bewusst und gab zu, dass sie schon lange vor dem Beginn der Affäre etwas für diesen Mann empfunden hatte. Sie fühlte sich zu ihm hingezogen, weil er viele Eigenschaften hatte, die ihrem Mann fehlten. Ihre Freundschaft war für beide eine Quelle der Gespräche und des Trostes. Nach dem Tod der Mutter

fing Cathy an länger zu arbeiten, um den Pflichten des Haushalts aus dem Weg zu gehen, die ihr den Verlust schmerzlich bewusst machten. Ihre Mutter hatte in der Nähe gewohnt, war mehrmals jede Woche zum Essen gekommen und hatte das jüngste Kind gehütet. Ihre Abwesenheit war eine ständige Erinnerung daran, dass sie nun für immer fehlen würde.

Cathy ging in ihrer Arbeit auf. Als sie begann, mehr Zeit mit dem anderen Mann zu verbringen, war diese Beziehung für sie anders als alle ihre vorangegangenen. Sie war verletzlich wegen des Verlustes der Mutter. Sie band sich an diesen Mann und beschrieb die Verbindung zu ihm als seelenverwandt und sehr innig. Sie hatten beide den Eindruck, sich schon lange zu kennen, teilten ein Gefühl von Vertrautheit und Sicherheit. Ihre Berichte über diese Zeit klangen leidenschaftlich und liebevoll. Die Affäre dauerte nicht länger als sechs Monate. Die Folge war, wie Cathy berichtete, dass sie sich verändert hatte. Sie war offener, sie wollte mehr vom Leben und von der Liebe. Sie hatte Angst, sich scheiden zu lassen. Sie wusste nicht, was eine Scheidung für die Kinder bedeuten würde. Doch sie fühlte, dass sie sich nach der Art von Liebe und Verbindung sehnte, die sie empfunden hatte. Sie fühlte ein größeres Bedürfnis nach menschlicher Nähe als jemals zuvor, mehr Bedarf nach all den zarten Gefühlen im Leben. Sie hatte das Gefühl, dass durch diese Affäre ihr Wesen auf eine ganz ursprüngliche Art freigelegt worden war und ihr gefiel das Unverfälschte, das sie empfand. Sie wurde eine bessere Mutter und eine bessere Freundin.

Als die Affäre endete, blieben die beiden Freunde, aber nach zwei Jahren verließ er die Firma und sie verloren den Kontakt. „Ich bin eine Andere geworden", sagte sie. „Ich werde nie mehr so wie früher sein. Ich wuchs in dieser Beziehung und ich habe wirklich davon profitiert. Was ich erreicht habe, war Schuldgefühle und Reue wert. Ich glaube, dass ich mir selbst nach Mutters Tod die Erlaubnis gab, das Leben zu erkunden. Ich fühlte mich ausgenutzt und ich wollte etwas zurückhaben.

Jetzt habe ich das Gefühl, dass ich etwas Besonderes bin, weil ich erfahren habe, wie es ist, geliebt zu werden. Musste wirklich erst meine Mutter sterben, damit ich die Liebe und all ihre Dimensionen kennen lernen konnte?"

Selbstdefinition

Was bei Cathy lebensverändernd wirkte, war die Erkenntnis ihrer persönlichen Bedürfnisse, ein Gefühl von Unverfälschtheit, ihre Fähigkeit, mit einem Mann vertraut zu sein und ihre Offenheit, die Sie sich auch nach dem Ende der Beziehung bewahrte. Ihre wichtigste Veränderung aber war, dass sie nun fähig war, eine liebevolle Beziehung zu erfahren und mit jemand anderem zu teilen. Ihre neue Einstellung führte darüber hinaus zu einem besseren Verständnis aller anderen Beziehungen.

Ihr wurde auch klar, dass die Nähe zu ihren Eltern in mehr als einer Hinsicht die Entwicklung von Beziehungen zu anderen Menschen behindert hatte. Sie hatte so viel Zeit in die Beziehung zu den Eltern und ihrer Familie investiert, dass kein Raum mehr für sie selbst oder für andere blieb. Es war eine Erleichterung für sie, von diesen familiären Banden befreit zu sein.

Außerdem hatte sie das Gefühl, dass die Wahl ihres Liebhabers von Herz, Körper und Seele getroffen wurde und nicht von ihrem Verstand. In der Vergangenheit hatten Kopf und Verstand ihre Entscheidungen gesteuert. Sie hatte sich dann gesagt: „Er wäre ein angemessener Partner für mich", oder: „Meinen Eltern würde er gefallen, sie würden ihn lieben". Trotz ihres Erfolges im Berufsleben litt ihre private Welt noch immer unter Beschränkungen, die ihr die Vergangenheit auferlegt hatte. Viele Menschen suchen sich aus den verschiedensten Gründen den falschen Partner aus, und einer der häufigsten davon ist der Wunsch nach elterlicher Zustimmung.

Ein weiterer Aspekt von Cathys Transformation war, dass sie sich nach dem Tod beider Eltern selbstbewusster fühlte, und das hatte großen Einfluss darauf, wie sie sich in dieser neuen Beziehung verhielt. Sie fühlte sich vollständig und es war dieses Gefühl der Ganzheit, das die Hingezogenheit zu ihrem neuen Partner verstärkte und sie gleichzeitig für ihn anziehend machte. Wenn Ganzheit empfunden wird, wo das Ich vorher unterdrückt worden ist, dann werden andere Arten von Beziehungen möglich – und die Beziehungen, die sich auf dieser Grundlage entwickeln, fühlen sich qualitativ anders an als alle früheren Erfahrungen.

„Ich fühlte mich präsenter als je zuvor, so als ob endlich jemand mein wahres Ich erkannt hatte und ich fühlte mich zu Hause. Niemals werde ich die Tage vergessen, die ich mit ihm verbrachte und die mich für immer verändert haben. Ich weiß nicht, ob meine Familie und meine Freunde bemerken, dass ich anders bin. Aber ich spüre, dass es so ist, und das allein ist wichtig."

Sex, Sexualität und Leidenschaft

Auf der Liste der Verhaltensweisen, die der Mensch unterdrückt, stehen Sex, Sexualität und Leidenschaft zweifellos ganz oben. Sex ist der körperliche Akt, Sexualität ist ein Gefühl und Ihre Einstellung gegenüber Sex, und Leidenschaft ist die Kraft, mit der Sie beidem Ausdruck verleihen. Diese drei Elemente können zum Leben erwachen, wenn Sie Ihre Hemmungen überwinden. Die Befreiung von Hemmungen kann ein Effekt des Elternverlustes sein. Es kann auch sein, dass Sie eine Veränderung Ihrer sexuellen Bedürfnisse, Ihrer sexuellen Befriedigung und Ihrer Sinnlichkeit feststellen. Wenn elterliche Unterdrückung einen Einfluss darauf hatte, wie Sie sexuell funktionierten, kann Ihnen jetzt eine angenehme Überraschung bevorstehen.

Viele Menschen, mit denen ich sprach, hatten nach dem Tod der Eltern ein viel aktiveres Sexualleben. Der Grund dafür liegt auf der Hand, schließlich ist es eine Binsenweisheit, dass der Schritt von der Kindheit zum völligen Erwachsensein mit der sexuellen Reife Hand in Hand geht. Sex ist etwas für Erwachsene und die Psyche öffnet sich dieser Möglichkeit auf ganz natürliche Weise. Innere Hemmschwellen, die Überbleibsel elterlicher oder familiärer Dogmen sind, können der Hilfe eines Therapeuten oder eines anderen qualifizierten Helfers bedürfen. Hier sind einige Kommentare zum Thema Sex von Menschen, die ich behandelt oder interviewt habe:

„Unmittelbar nach dem Tod meines Vaters war ich beim Sex gehemmt. Ich fragte mich auch, ob er mir nicht zuschaute."

„Die sexuelle Beziehung zwischen meinem Mann und mir war immer gut. Aber ich fühlte mich freier, meine sexuellen Gefühle zu erkunden, nachdem meine Eltern gestorben waren. Nicht sofort, aber ein paar Jahre später. Ich habe auch nicht wirklich darüber nachgedacht, ich bemerkte nur eines Tages, dass ich anders fühlte."

„Sex war für mich immer eine Möglichkeit, mich zu entspannen. Meine Frau fragte mich, ob ich zu traurig sei, um Sex zu haben und ich sagte: „Nein". Ich erinnere mich an das erste Mal nach der Beerdigung und ich glaube, ich genoss es mehr als sonst, aber ich habe mich nie gefragt, warum."

„Ich weiß sicher, dass der Sex besser wurde. Zuallererst fühlte ich mich in sexueller Hinsicht befreit."

„Ich machte eine Liste all der Dinge, die ich tun wollte, nachdem ich Waise geworden war. Eine sexuell offenere Person zu werden stand auch auf der Liste. Ich war mir nicht sicher, wie ich das erreichen sollte, aber ich war gewillt, daran zu arbeiten."

„In mir erwachte meine ganze sexuelle Natur."

Genauer gesagt, unsere Liebe und sexuelle Natur stehen normalerweise in enger Verbindung miteinander. Wenn Sie als Erwachsener, Waise und befreiter Mensch motiviert werden, sich einem anderen Menschen ganz zu öffnen, dann kann Ihre Sexualität Ihrer gemeinsamen Beziehung und Ihrem Leben eine neue und wundervolle Dimension geben.

Für viele Menschen in unserer Kultur haben Sinnlichkeit, Leidenschaft, tiefe Verbundenheit und die damit verbundenen Verhaltensweisen Schaden genommen. Dieser Schaden ist normalerweise ein Resultat familiärer Lernprozesse. Das, was wir über Sex, Vergnügen und Liebe lernen, ist nicht immer positiv. Deshalb tragen viele Menschen negative Ideen, Gedanken und Wahrnehmungen über diese Dinge mit sich herum.

Sie alle wissen: Das, was wir über unsere Sexualität, das Vergnügen am Sex, die Häufigkeit sexueller Begegnung und den Bedarf an Sex wissen, wurde durch die Vorstellungen und Vorurteile der Eltern geprägt. Es ist unwahrscheinlich, dass Sie im Umfeld Ihrer Eltern groß wurden, ohne einige ihrer Ideen aufzunehmen, obwohl Ihnen diese vielleicht nicht besonders nützlich waren. Vielleicht nützen Sie Ihnen immer noch nichts, dann müssen Sie sie in Frage stellen:

- Was halte ich heute für wahr?
- Ist es möglich, dass das, was ich gelernt habe, nicht richtig für mich ist?
- Kann ich die Einstellung meiner Eltern hinter mir lassen, um jetzt als Erwachsener ein authentischeres Sexualleben zu erfahren?
- Bin ich gewillt, die Arbeit auf mich zu nehmen?
- Bin ich in der Lage, das, was nicht mehr gut für mich ist, in Frage zu stellen?

Sheila (49) ist Lehrerin. Sie ist bereit, ihre Probleme aufzuarbeiten. Zum Beispiel fand Sheila ohne Schwierigkeiten heraus, dass ihre negative Einstellung gegenüber Sex mit ihrer Mutter zu tun hatte, die ihr noch immer negative Botschaften darüber vermittelt. Botschaften wie: „Ich hoffe, dein Mann stellt nicht zu große körperliche Ansprüche an dich, wenn du weißt, was ich meine. Männer können so schmutzig sein." Oder: „Wenn dein Vater nicht ständig nach anderen Frauen geschaut hätte, wäre ich eine viel glücklichere Frau gewesen. Er suchte immer nach irgendetwas; wahrscheinlich hat er das bei mir nicht bekommen." Verächtliche Kommentare wie diese sind genau das Richtige, um einer Tochter zu suggerieren, dass Sex nichts Gutes ist!

Andererseits erzählte mir eine junge Frau Ende 30, ihre sterbende Mutter habe zu ihr gesagt: „Ich weiß, dass du nie mit deinem Mann zufrieden warst. Man muss kein Gedankenleser sein, um das zu sehen. Mir fiel immer wieder auf, wie kalt er ist, wie sehr ihm Wärme und Zärtlichkeit fehlen. Er kann im Bett nicht besonders liebevoll sein. Schatz, such dir etwas Besseres im Leben. Sexuelle Verbindung ist so wichtig. Du hast noch viele Jahre vor dir; verkaufe dich nicht zu billig."

„Ich glaube, der Sex änderte sich, als ich mich veränderte. Das ging alles Hand in Hand", sagte mir Alice (50). Sie erzählte, dass sie anfing, sich auf ihre eigenen Bedürfnisse zu konzentrieren, sobald sie von der Rolle der pflichtbewussten Tochter befreit war. Dabei wurde ihr klar, wie wenig sexuelle Befriedigung sie in ihrer Ehe erfuhr. In der Therapie begann sie darüber nachzudenken, wie ihre Hemmungen zu diesem Zustand beigetragen hatten. Schließlich fing Alice an, ihrem Mann ihre Bedürfnisse mitzuteilen und die beiden begannen zu experimentieren und eine sinnlichere und vertrautere Beziehung zu führen – mit großem Erfolg. Zum Glück für Alice war ihr Partner bereit und in der Lage, sich an ihre neu erwachenden Bedürfnisse anzupassen. Beide Partner wollten etwas verändern.

Das Gleiche galt für Neil, der mit 49 seinen Vater verlor. Er sagte: „Ich glaube, ich wurde sexuell aktiver nach dem Tod meines Vaters, weil ich mehr Trost und Intimität bei meiner Frau suchte. Unser Intimleben änderte sich, nein es wurde transformiert, nachdem Vater starb. Ich litt und fühlte mich isoliert, das wollte ich kompensieren, indem ich jemandem nahe war. Immerhin geschah das alles mit meiner Frau."

Alice und Neil hatten Glück. Sie hatten Partner, die flexibel und bereit dazu waren, sich ihren neuen Bedürfnissen anzupassen – Bedürfnissen, die aus einer dynamischen Veränderung heraus nach dem Tod der Eltern entstanden.

Unglücklicherweise ist das nicht immer so. In einigen Ehen, die bereits problematisch sind, kann der Tod der Eltern Auslöser dafür sein, außereheliche Intimität und sexuelle Befriedigung zu suchen oder sich scheiden zu lassen. David (46) lebte in einer instabilen Beziehung als sein Vater starb. Seine Frau war kalt und emotional distanziert. Nach dem Tod des Vaters sehnte er sich nach Nähe, um seinen Verlust zu kompensieren, doch seine Frau konnte ihm diese Nähe nicht geben.

„Im Gegensatz zur Unnahbarkeit meiner Frau war meine Sekretärin den ganzen Tag lang darum bemüht, mir etwas Gutes zu tun. In dieser Atmosphäre kamen wir uns näher. Sexuell harmonierten wir großartig. Ich fühlte mich so geborgen bei ihr und sexuell so kompatibel, wir verstanden uns ohne Worte. Ich liebte sie auch. Sie war sexuell freizügig und mochte es, Dinge auszuprobieren, denen meine Frau niemals zugestimmt hätte. Es bestand eine sexuelle Offenheit, die ich nie zuvor gekannt hatte."

Obwohl eine außereheliche Beziehung mit Risiken und Komplikationen verbunden ist, war sie in Davids Fall ein wichtiger Schritt, um zu einer neuen Art von Befriedigung zu finden. Viele Menschen berichten von einer sexuellen Befreiung nach dem Tod der Eltern. In manchen Fällen konnten sexuelle Fantasien, die vom Elternhaus abgelehnt wurden, endlich akzeptiert und ausgelebt werden. Ehemals geheime Wünsche waren jetzt positive Ziele, und sexuelle Aktivitäten, die vorher als unnormal abgestempelt worden waren, wurden jetzt als normales Vergnügen akzeptiert. Im Allgemeinen wurde für viele Menschen, die ich in meiner Praxis kennen lernte, ein erfülltes Sexualleben wichtiger, sobald elterliche Zustimmung kein Thema mehr war.

Veränderungen des Lebensstils

Einige verwaiste Erwachsene änderten auch ihren Lebensstil. Erbschaften verhalfen vielen zu größerer finanzieller Freiheit. Sie ermöglichten in einigen Fällen, einen anderen Beruf zu ergreifen. Geld kann die Menschen manchmal auch befreien. „Ich kann endlich wieder zur Schule gehen und Jura studieren", sagte einer meiner Patienten. „Ich kündigte, nachdem mein Vater starb. Er hatte gewollt, dass ich nach seiner Pfeife tanzte, und jetzt musste ich das nicht mehr."

Veränderungen des Lebensstils können auch einfach darin bestehen, dass man zu sich sagt: „Ich bin es leid, diese fünf Kilo Übergewicht mit mir herumzutragen, wie Papa (oder Mama), ich werde etwas unternehmen, um sie loszuwerden." Jemand, der ausgesprochen unordentlich und chaotisch ist, weil der verstorbene Elternteil ein Ordnungsfanatiker war, kann sich auch zum Umdenken entschließen und sein Leben anders organisieren. Obwohl das alles Beispiele für sehr gesunde Veränderungen des Lebensstils sind, können diese Veränderungen natürlich auch ganz andere und viel tief greifendere Formen annehmen.

Eine meiner Patientinnen hatte beispielsweise einen besonders dominanten Vater und sie begann nach dessen Tod, andere ganz deutlich wissen zu lassen, wann ihre Grenzen in Berufs- und Privatleben überschritten waren. Obwohl sie weder ihren Beruf wechselte noch sich scheiden ließ, fand sie so zu einer neuen Freiheit, die ihr Leben in jeder Hinsicht veränderte: „Ich beschloss, nicht mehr der Fußabtreter zu sein. Es hat lange gedauert, aber ich habe es geschafft."

Für Menschen, die mit gemischten Gefühlen und unentschlossen vor einer wichtigen Lebensentscheidung stehen, bietet der Tod der Eltern eine Gelegenheit, den Neuanfang zu wagen – ob sie nun entscheiden ein Kind zu bekommen, ein Kind zu adoptieren, eine schlechte Beziehung zu beenden oder den Job zu wechseln. Manchmal berichten Menschen, dass sie jahrelang „einfach immer weitermachten", bis dann der Schock nach dem Tod der Eltern der Auslöser dafür war, einen entschiedenen Schritt zu tun.

Es ist wichtig festzuhalten, dass die Änderungen des Lebensstils, die hier angesprochen werden, nicht immer eine Reaktion darauf sein müssen, dass man Waise geworden ist. Und natürlich dürfen wichtige Lebensentscheidungen nicht leichtsinnig oder vorschnell getroffen werden. Wie auch immer Sie Veränderungen Ihres Lebensstils erfahren, klein oder groß, schnell oder langsam – das Realisieren einer spezifischen Veränderung hilft ihnen nicht nur, mit der Trauer fertig zu werden, sondern ist auch eine Möglichkeit, die Verstorbenen zu ehren, indem Sie einen mutigen Schritt in eine positive Zukunft gehen.

Nutzen Sie Ihre Möglichkeiten

Sobald du dir selbst vertraust, sobald weißt du zu leben.

JOHANN WOLFGANG VON GOETHE

Wir haben die Gründe beschrieben, die Sie dazu veranlassen, sich zu ändern und Ihr Ich zu vervollständigen – und ebenso die Wege, auf denen Sie dieses Ziel erreichen können. Sie haben sich sicher in einigen der Berichte und Erinnerungen wiedergefunden, die ich für dieses Buch zusammengetragen habe. Sie sind nicht allein und es ist tröstlich zu wissen, dass andere ähnliche Erfahrungen gemacht und guten Nutzen daraus gezogen haben.

Von der Trauer zur Entdeckung

Sie haben Ihre Trauer durchlitten und verschiedene Stadien der Verlusterfahrung durchlebt. Der Erholungsprozess erlaubt Ihnen, sich selbst genau zu beobachten und neue Wege zu erkunden, die Sie gehen können. Sie sind bereit für Ihre neue Identität, weil Sie merken, dass Ihr altes Ich nicht mehr existiert. Das alte Ich hatte Eltern, das neue nicht. Das alte Ich war ein Kind, das neue ist völlig erwachsen.

Vollständig zu werden ist Ihre Reaktion auf die Elternlosigkeit. Indem Sie verlorene Teile Ihrer selbst zu einer neuen Identität formen, wird Ihr Verlust in einen Gewinn umgekehrt. Das ist das letzte und dauerhafteste Geschenk Ihrer Eltern an Sie.

Wird die Trauer je zu Ende sein? Die Antwort ist sowohl „Ja" als auch „Nein". So schwer es zu akzeptieren sein mag, es gibt keinen Weg, eine geliebte Person zu verlieren und das jemals ganz zu überwinden. Eine der ersten Fragen der Trauerbegleitung war, ob man das Stadium, in dem der Betroffene sich wieder besser zu fühlen beginnt und wieder am Leben teilnimmt, „Akzeptanz" oder „Anpassung" nennen sollte. Zuerst sprach man von „Akzeptanz". Als klar wurde, dass niemand den Tod wirklich akzeptiert, dass der natürliche Instinkt, den Tod zu verleugnen, alles andere überschattet, wurde der Begriff „Anpassung" gewählt. Es ist völlig normal, das Gefühl zu haben, dass man einen Verlust niemals völlig verwinden wird. Deshalb ist es auch nicht ungewöhnlich, Aussagen wie die folgenden zu hören:

„Es ist schon viele Jahre her, seit meine Eltern gestorben sind, und ich vermisse sie immer noch. Ich wünschte, ich könnte mit ihnen reden, ich denke daran, sie anzurufen und mein Magen verkrampft sich ... aber ich lebe mein Leben weiter."

„Ich vermisse meine Eltern, aber ich fühle sie um mich und die Kinder herum und sehe sie in meinen Träumen."

„Mein ganzes Leben ist verdammt anders. Ich habe jede Menge geweint. Alles drehte sich um meine Mutter. Ohne sie ist es einfach anders. Aber das Leben muss weitergehen."

„Egal was war, egal wie schlecht sie waren, sie waren meine Eltern und ich werde den Rest meines Lebens an sie denken."

„Jedes Mal, wenn ich etwas Schönes erlebe, fällt mir auf, dass ich den Telefonhörer in die Hand nehmen und Mama anrufen will."

„Eltern werden immer da sein ... in deiner Erinnerung, in deinen Träumen, deinen Visionen. Vielleicht warten sie wirklich dort oben an der Pforte auf dich, wenn du stirbst, wie manche sagen."

Mithilfe einer neuen Empfindsamkeit und eines neuen Verständnisses wird das Gefühl des Verlustes in etwas anderes umgewandelt. Die Zeit ist reif für Sie, Anspruch zu erheben – Anspruch auf das tiefe Gefühl des Verlustes und gleichzeitig auf die neue unendliche Freiheit, die untrennbar mit dem Verlust verbunden ist. Diese Gefühle und Erkenntnisse sind Ihre persönlichen Entdeckungen und sie sind so einzigartig wie Sie selbst.

Liebe aus der Ferne

Viele Menschen glauben, dass die Beziehung zu den Eltern nie zu Ende ist und die Forschung kann diesen Eindruck auch belegen. Viele Menschen haben den Wunsch, auch nach dem Tod die Verbindung zu ihren Eltern aufrechtzuerhalten. Offenbar haben diese Elternbeziehungen eine besondere Beständigkeit, die zwei Funktionen erfüllt. Die Beständigkeit hilft sowohl bei der Trauer als auch bei der Anpassung an das neue Leben. Viele Betroffene glauben auch, dass sie immer in Beziehung zu den Eltern oder einem Elternteil stehen werden. Diese Bindung bleibt für immer bestehen, auf irgendeine

Weise, sowohl im schlafenden als auch im wachen Zustand. Tatsächlich gibt es Anhaltspunkte dafür, dass auch nach dem Abreißen des physischen Kontaktes eine Art Verbindung bestehen bleibt – emotional, psychologisch, biologisch, mental, spirituell und in Form von Geschichten und Erinnerungen.

Diese nach dem Tod weiter bestehenden Gefühle können uns auf verschiedene Weise nützlich sein. Zum Beispiel durch die Verinnerlichung elterlicher Verhaltensweisen, die einen Teil der Anpassung ausmacht. Oder durch den Prozess der Identifikation, der letztendlich das Loslassen von den Eltern ermöglicht. Identifikation ist eine symbolische Vereinigung, die auf dem Bedürfnis basiert, die betreffende Person festzuhalten und gleichzeitig gehen zu lassen. Symbolisch eine Bindung zum verstorbenen Elternteil aufrechtzuerhalten, hat keine negativen Auswirkungen auf Ihre Fähigkeit, erwachsen und Sie selbst zu werden.

Die Kraft des Lebens annehmen

Das Umwandeln von Verlust in Gewinn ist ein Lernprozess, der unterstützt wird durch Kreativität und Lebenskraft. „Die Lebenden müssen weiterleben" ist der Leitsatz all derer, die einen Verlust erlitten haben und irgendwann ihr Leben wiederaufnehmen müssen. Aber was heißt das wirklich? Wie erreicht man ein solches Ziel? Alle Menschen besitzen den natürlichen Instinkt leben zu wollen, der an diesem Punkt in den Prozess eingebunden werden muss. Außerdem gelangt man zu der Erkenntnis, dass man keine andere Wahl hat als weiterzumachen. Hier sind einige Erfahrungen, die Menschen an diesem Scheideweg in ihrem Leben gemacht haben:

„Der Tod eines Menschen, den man liebt und dem man nahe steht, ist so ungefähr das Schlimmste, was einem passieren kann, aber was soll man schon machen ... man muss weiterleben."

„Die Rückkehr zu Dingen, die ich liebte, bewahrte mich davor, depressiv zu werden. Ich fühlte mich so allein gelassen ohne meine Eltern, die mich beschützen konnten."

„Es gab einen tiefen inneren Drang, mit meinem Leben loszulegen. Meine Zeit lief ab."

Was den Tod der Eltern für uns so schwierig macht, ist der Verlust unserer zu beschützenden Unschuld, der mit dem plötzlichen Erwachsenwerden einhergeht. Das Gefühl der Verlassenheit, das Menschen unterschiedlich stark und von Zeit zu Zeit erleben, wird von der Vorstellung flankiert, dass die Eltern uns vor der Dunkelheit beschützen können, was auch immer Dunkelheit für uns persönlich bedeutet.

Diese Vorstellung ist stark und bleibt im Erwachsenenalter bestehen, wenn sie nicht bewusst aufgegeben wird. Als Kind waren Sie vor den Nöten des Lebens geschützt, weil die Eltern Sie mit allem versorgten, was Sie brauchten. Dann mussten Sie lernen, für sich selbst zu sorgen. Völlig erwachsen zu werden heißt, alle Wünsche nach Abhängigkeit von den Eltern hinter sich zu lassen und alle Verantwortung selbst zu übernehmen. Das heißt auch, dass man sich selbst treu bleibt.

Der Übergang zum Erwachsenendasein wird normalerweise in einem zeitlichen Rahmen definiert: Man wird erwachsen, wenn man ein bestimmtes Alter erreicht. Doch oft ist das nicht der Fall. Als Waise werden Sie endlich zum Erwachsenen, weil der Tod Ihrer Eltern Ihnen die Kindheit nimmt und damit die Möglichkeit, weiter von Ihren Eltern abhängig zu sein. Jetzt ist es Zeit für Wachstum! Wachstum und Lebenskraft sind Verbündete. Das eine bedingt das andere. Sie müssen nur nach innen schauen, um zu erkennen, wie sehr Sie danach streben, zu leben, zu wachsen, zu reifen, sich zu entwickeln und zu verändern.

Wenn eines möglich ist, ist alles möglich

Eine meiner Patientinnen sagte, nachdem sie Waise geworden war: „Es gibt keine Grenzen." Anders ausgedrückt, alles was Sie sich vorstellen können, ist jetzt möglich. Jetzt ist die Zeit zum Schaffen, Denken, Planen und Handeln. Veränderung ist möglich, aber sie muss geplant werden. Einige Veränderungen werden spontan eintreten, andere nicht. Eines ist klar: Ihre neue Identität erlaubt es Ihnen, sich ganz zu fühlen, mit Zugang zu Bereichen, die neu und aufregend sein können.

Zukunftspläne sollten gut durchdacht sein. Wenn nötig sollten Partner und/oder Kinder zustimmen, sofern sie davon betroffen sind. Diese Pläne sollten auf festem Grund stehen und nicht allein Produkt von impulsiven Gefühlen oder von Verletzlichkeit sein, ohne sie rational überdacht zu haben. Leben Sie eine Zeit lang mit potenziellen Entscheidungen, bevor Sie diese in die Tat umsetzen.

Martha, 60
„Ich war ehrlich schockiert über meine eigene Reaktion auf den Tod meines Vaters. Ich fühlte mich so einsam. Es war eine sehr schwierige Zeit für mich und meine Familie. Doch nach einiger Zeit war ich ebenso schockiert darüber, wie gut ich mich fühlte, weil meine Freiheit es mir erlaubte, etwas Neues zu machen. Ich erinnere mich, wie ich mit meiner besten Freundin sprach und ihr sagte, dass ich mich fühle, als könne ich alles auf der Welt tun.

Ich fühlte mich fast manisch, als ich dieses Gefühl beschrieb.
Als ich anfing, Pläne zu schmieden für die Dinge, die ich tun wollte, wie zum Beispiel im Süden ein Haus bauen, begriff ich, dass ich meine Fantasie auslebte. Ich fragte mich, ob das in Ordnung war."

Fantasien ausleben ist natürlich zu jeder Zeit im Leben möglich, aber nach dem Tod der Eltern wird es sogar wünschenswert, weil Sie jetzt frei sind, wenn Sie es zulassen.

Fantasien unter die Lupe nehmen
Setzen Sie sich mit Ihrem Notizbuch hin und überprüfen Sie Ihre Antworten auf die folgenden Fragen:

- Welches Wagnis würden Sie gerne eingehen?
- Beschreiben Sie eine Fantasie aus Ihrer Kindheit.
- Was war Ihre Einstellung zu dieser Fantasie?
- Denken Sie jetzt an diese Fantasie. Was denken Sie darüber?
- Was würden Sie jetzt gerne mit dieser Fantasie machen?
- Haben Sie eine neue Fantasie?
- Wie können Sie diese Fantasie jetzt in Realität umsetzen?
- Haben Sie, was diese Fantasie angeht, Unterstützung von Ihren Freunden?
- Welchen Plan können Sie fassen, um diese Fantasie Realität werden zu lassen?
- Welche Zeit haben Sie für die Realisierung?

Denken Sie daran: Nehmen Sie Änderungen immer in kleinen Schritten vor. Gehen Sie gegen Ihre Widerstände an und loben Sie sich für jeden Fortschritt. Es ist wichtig, Ihre Erfolge anzuerkennen, wie klein sich auch immer sein mögen.

Veränderung im Lauf der Zeit

Die ersten zwei oder drei Jahre nach dem Tod der Eltern fühlen sich ganz anders an als die Jahre danach. Natürlich erleben die meisten Menschen die größten Schwierigkeiten mit einem Verlust unmittelbar nach dessen Eintreten. Aber das Leben ist lang und der Rest des Lebens ohne Ihre Eltern bringt Veränderungen, Einsichten und neue Anfänge.

Carole, 55

„Es ist 20 Jahre her, dass mein Vater starb, aber nur zehn seit Mutters Tod. Ich vermisse sie immer noch beide und ich denke voller Liebe an sie. Mein Leben fühlt sich so anders an, obwohl ich mich an das Leben ohne sie angepasst habe. Es gibt eine innere Fremdheit, die wohl nie verschwinden wird. Es ist ein Gefühl der Leere. Ich werde es für den Rest meines Lebens haben, vermute ich. Ich bin mir dessen nicht immer bewusst, aber es ist da und von Zeit zu Zeit fühle ich es. Doch könnte ich die Dinge, die ich jetzt mache, nicht tun, wenn sie noch da wären. Zum Beispiel bin ich umgezogen und habe den Job gewechselt."

Jennifer, 47

„Als ich Waise wurde, passte ich mich schnell an. Meine eigene Familie, meine Karriere, die Karriere meines Mannes forderten mich und ich machte mir keine großen Gedanken darüber, ob diese Zeit ein Übergangsstadium für mich war. Doch als mein eigenes Leben ruhiger wurde, regten sich viele Gefühle in meinem Inneren, von denen mir einige Probleme verursachten, wie Depression, Verlassenheitsgefühle … vielleicht waren diese Gefühle die ganze Zeit da und ich habe sie nie bemerkt."

Welche Beziehung besteht zwischen Trauer und Zeit? Dazu gibt es viele Theorien, die nahe liegendste ist, dass die Trauer mit der Zeit verschwindet und die schmerzhaften Erinnerungen seltener hochkommen, wenn auch ein kleiner Rest bleibt. S. L. Carter stellt fest: „Trauer scheint in Wellen intensiven Schmerzes aufzutreten, die auch viele Jahre nach dem Tod ausgelöst werden können."[42] P. C. Rosenblatt schreibt zum gleichen Thema: „Im Laufe der Zeit ändert sich die Intensität der Gefühle, die mit dem Tod verbunden sind, nur sehr wenig. Was sich ändert, ist, dass die Auslöser für diese Gefühle seltener werden."[43] Offenbar gibt es also keine direkte Verbindung zwischen Trauer und Zeit, was auch zu der Erkenntnis passt, dass der Trauerprozess nicht immer linear verläuft.[44] Die folgenden Zitate unterstreichen das:

Marc, 52
„Ich hätte nie erwartet, dass ich den Schmerz auch nach vielen Jahren noch von Zeit zu Zeit fühle. Offenbar ist das normal, weil so viele Leute die gleiche Erfahrung machen. Ein Geräusch, ein Geruch, Musik im Radio lässt mich plötzlich in Tränen ausbrechen."

Jack, 49
„Ich respektierte meinen Vater und meine Mutter. Ich habe viele gute Erinnerungen. Lange Zeit habe ich mich recht allein auf der Welt gefühlt und ich war überrascht, dass meine Trauer nicht aufhörte, aber ich fing an, mich stärker meinen Freunden zuzuwenden."

Stan, 37
„Wenn ich beschreiben müsste, wie es war, Waise zu werden, ich selbst zu werden und mich an eine Welt ohne Eltern anzupassen, würde ich Folgendes sagen: Es hat seine Höhe- und seine Tiefpunkte, seine Pros und Contras. Aber ich bin ja auch Mathematiklehrer."

Patricia, 54

„Es ist komisch, mit jedem weiteren Jahr fühle ich mich stärker und gleichzeitig schwächer. Ich bin zweifellos jetzt völlig unabhängig und selbstständig. Ich brauche sehr wenige Leute, um meine Entscheidungen treffen oder meine Gedanken mitteilen zu können. Ich mache, was ich will. Aber ich vermisse meine Eltern immer noch und ich wünschte, sie wären hier, um ihre Enkel aufwachsen zu sehen."

Peter, 36

„Freiheit kommt und geht. In mir ist ein freier Geist, aber ich ziehe immer auch den Teil von mir zu Rate, der nicht frei ist. Ich höre sozusagen beide Seiten an. Insgesamt würde ich aber sagen, dass ich mehr dazu neige, das zu tun, was mein freier Geist tun will."

Judith, 57

„Es ist überraschend für mich, dass ich die Straße entlang fahren kann und plötzlich in Tränen ausbreche, weil ich spontan an meine Mutter oder meinen Vater denke."

Die Eltern verinnerlichen

Es gehört zum Prozess der Verlustbewältigung, Teile der Eltern zu verinnerlichen. Einige Menschen sind selbst überrascht, wie oft sie sagen: „Meine Mutter oder mein Vater hat das gemacht" oder „Dieser Aspekt erinnert mich an meine Mutter oder meinen Vater". Das kann sich auf Ausdrucks- und Verhaltensweisen, Einstellungen oder Werte beziehen. Nach so vielen Jahren der Unabhängigkeit von den Eltern sind einige Waisen schockiert darüber, dass sie wie Mama oder Papa sein wollen.

Sich mit den verstorbenen Eltern zu identifizieren gibt Trost und sorgt für Nähe über den Tod hinaus. Wie schon angedeutet, bestehen die Bindungen zu den Eltern noch lange, nachdem die Eltern nicht mehr physisch präsent sind. Die Identifikation mit den Eltern erlaubt Ihnen, diese Verbindung auch weiterhin zu spüren – das entspricht einem starken menschlichen Bedürfnis. Wesensmerkmale der Eltern zu übernehmen ist Ausdruck dieser Identifikation. Es ist ein natürlicher Vorgang, mit Trauer umzugehen, und ist ein Teil des Vermächtnisses, das Ihre Eltern Ihnen hinterlassen.

Letzten Endes kommt es zu einer Veränderung der subjektiven Betrachtungsweise des eigenen Ichs, die jetzt das neue Ich und elterliche Wesensmerkmale vereint. Im Laufe der Zeit können noch weitere Elemente der Familiengeschichte hinzukommen.

Carole, 60

„Für mich war es ein großer Trost, dass ich mit zunehmendem Alter meiner Mutter immer ähnlicher sah. Sie war eine schöne Frau."

Mary, 53

„Ich war traurig, dass ich in den Wechseljahren keine Mutter hatte, mit der ich mich austauschen konnte. Sie hatte mir nie viel darüber erzählt, was diese Zeit für sie bedeutet hatte, und meine Erinnerungen, wie sie damit umgegangen war, sind minimal. Ich weiß nicht, ob sie Hitzewallungen gehabt und was sie dagegen getan hat. Ich weiß von einer Hormonersatztherapie ... also war ich von diesem Teil ihres Lebens nicht ganz ausgeschlossen."

Das Dasein des Menschen hat eine energetische Konsistenz. Die Menschen, die uns lieb sind, lieben und schätzen wir für immer. Das sorgt dafür, dass unsere Geschichte weitergeht und unser biologisches und soziales Erbe hängt von solchen Ereignissen ab.

Nach Miriam und Sidney Moss „löst der Tod der Eltern ein Bedürfnis aus, das Ich neu zu organisieren, um mit den tiefen Auswirkungen des Verlustes fertig zu werden. Für persönliches Wachstum ist nicht die Zurückweisung des elterlichen Erbes, sondern vielmehr eine selektive Integration der Eltern in das eigene Wertesystem nötig".[45] Ich empfehle Ihnen, Ihrer natürlichen Tendenz nachzugeben, das eigene Ich mit Merkmalen eines oder auch beider Elternteile zu bereichern.

Das elterliche Vermächtnis

Ich wiederhole es noch einmal: Es liegt ein großer Trost darin, das Vermächtnis der Eltern zu bewahren.

Hier folgen einige diesbezügliche Aussagen, die Frauen über ihre Mütter machten:

> „Die Zeit unmittelbar nach dem Tod meiner Mutter verbrachte ich in Trauer und damit, mit all meinen Emotionen fertig zu werden. Nach einiger Zeit beobachtete ich an mir selbst, dass ich in einigem wie sie handelte. Das fand ich nicht schlimm, jetzt verursacht es mir ein gutes Gefühl, wie sie zu sein."

> „Mir fiel auf, dass ich anfing, mein Haar wie Mama zu tragen, zuerst einfach wie sie, dann in der gleichen Farbe, nur länger."

> „Ich fing an, ihre Sachen zu benutzen. All die Gefühle, die mit ihrem Geschirr zusammenhingen, gaben mir ein Gefühl der Kontinuität."

„Ihre Kleider passten mir nicht, aber ich liebte es ihren Schmuck zu tragen, dann fühlte ich mich ihr nah."

„Ich fing an, ihre Stimme in meinen eigenen Worten zu hören. Ich klang wie Mama, benutzte ihre Redewendungen ... sie lebte weiter."

„Ich kann mich erinnern, wie meine Mutter an ihrem Schreitisch saß und die Rechnungen bezahlte. Noch acht Jahre nach ihrem Tod organisierte ich meine eigene Buchhaltung so wie sie es getan hatte. So hatte ich einen besseren Überblick."

Männer sagten Folgendes über ihre Väter:

„Papa wusch seine Hände immer an der Spüle, bevor er sich zum Essen hinsetzte. Es war ein Ritual, das ich mit Stolz beobachtete und nun selbst übernommen habe."

„Ich bemerkte, dass ich mich am Kinn kratze wie mein Vater."

„Papa hatte immer eine witzige Redewendung parat, ich mache es jetzt genauso."

„Ich sehe das Gesicht meines Vaters im Spiegel, wenn ich mich rasiere; das finde ich in Ordnung."

„Ich bin meinem Vater ähnlicher, als ich je zugegeben hätte."

Familienvermächtnisse existieren in Verhaltensweisen, Einstellungen, Werten, Traditionen, in Fotografien und im biologischen Erbe. Das Anschauen alter Fotos verstorbener Eltern ist oft schmerzhaft. Mit der Zeit kann sich diese Reaktion ändern und viele fühlen sich regelrecht getröstet, wenn sie Fotos ihrer Eltern an Orten platzieren, wo sie sie jeden Tag sehen können. Sie gelten ihnen als liebevolle Erinnerung an das fortbestehende Band, das sie mit ihren Eltern verbindet.

Das wieder entdeckte Ich

Der Prozess von Wachstum und Entwicklung dauert ein Leben lang an. Während Sie nach einem Ort suchen, an dem Ihr wahres Ich gedeihen kann, bleiben Sie den früheren Einflüssen durch Eltern und andere wichtige Personen in Ihrem Leben ausgesetzt. Natürlich fangen die meisten Menschen mit Anfang 20 an, unabhängige Urteile und Entscheidungen zu fällen und ihre eigenen Bedürfnisse und Interessen zu vertreten. Aber es ist auch nicht ungewöhnlich, dass dieses Verhalten in verschiedenen Entwicklungsstadien neu überdacht wird.

Das trifft ganz sicher für das mittlere Alter zu, jenes Entwicklungsstadium, in dem es am wahrscheinlichsten ist, dass man Waise wird. Im mittleren Alter kommt es zum Beispiel häufig zu Scheidungen, neuen Ehen und Jobwechseln – Veränderungen im Leben, die schon für sich allein genommen gravierend sind, die jedoch noch größere Auswirkungen haben, wenn zur gleichen Zeit die Eltern sterben. Das Waisendasein löst Spontanität und Wachstum aus, weil es einen Raum schafft, in dem das wahre Ich sich frei von dem bewussten und unbewussten Einfluss der Eltern bewegen kann. Das Ergebnis ist, dass Ihr Leben (wieder) authentisch wird. Ihr wahres Ich tritt aus dem Schatten heraus ins Licht Ihrer eigenen Bedürfnisse, Wünsche und Ziele, und während es das tut, verspüren Sie eine Welle der Zufriedenheit und der Lust am Leben, die Sie vielleicht noch nie empfunden haben.

Ihre Vorteile bei der Rückkehr zum authentischen Ich:

- *Gefühl der Übereinstimmung* zwischen Ihrem Gespür für Ihr inneres Wesen und dem, was Sie tatsächlich leben.
- *Gefühl der Vollkommenheit,* der endlich erreichten Vollständigkeit.
- *Gefühl der Zufriedenheit* und der Freude, die der Verwirklichung Ihrer Persönlichkeit entspringen.

- *Eine Wahl zu haben,* denn viele neue Wahlmöglichkeiten stehen Ihnen offen.
- *Gefühl der Konsistenz,* wenn Sie sich bewusst werden, dass Sie immer die gleiche Persönlichkeit waren und nun zu Ihrem wahren Ich, Ihrem Zentrum, zurückkehren.
- *Gefühl der Verbindung* zu Ihrem Ich und zu Ihren verstorbenen Eltern.
- *Gefühl der Gemeinschaft* und der wachsenden Bedeutung der Beziehungen zu anderen Menschen, zur Natur, Kultur, Gemeinschaft, zum Leben.
- *Kreativität* und die Wiederentdeckung Ihrer kreativen Natur.

Vorteile für andere Menschen in Ihrem Umfeld sind:

- Ihre Liebe zu anderen,
- kreative Beiträge,
- soziale und politische Beiträge,
- Beiträge im Rahmen von Familie und Beziehungen,
- Vorteile für Ihre Kinder.

Margarete, 61
„Nach dem Tod meiner Mutter wurden mir karitative Tätigkeiten sehr wichtig. Ich spendete viele von ihren Sachen an die Obdachlosenheime meiner Heimatstadt. Ich war dankbar, dass ich so viel von ihr geerbt hatte und wollte meinen Reichtum teilen. Wie viel braucht man schließlich?"

Hal, 56
„Ich hatte immer den Traum, in die Politik zu gehen. Nach Papas Tod bewarb ich mich in der Stadt um ein Amt. Ich tat es für uns beide. Er wäre stolz gewesen und für mich war es die Verwirklichung eines Traumes."

Carole, 60

„Nach dem Tod meiner Eltern war niemand mehr von meiner Familie übrig. Als Einzelkind war ich nun ohne biologische Bindung. Natürlich wuchs mein Bedürfnis nach Kontakt und ich begann, mich in vielen sozialen Gruppen zu engagieren, in der Stadt ebenso wie in der Kirche."

Neue Kreativität

Der Tod der Eltern wirft uns auf uns selbst zurück. Viele Menschen, die diesen Verlust erlitten haben, stimmen in einer Sache überein: Eines der ersten und schönsten Dinge, die sie bei sich selbst entdeckten – wieder entdeckten – war ihre kreative Seite. Unter den 30, 40 und 50-jährigen herrscht einhellig die Meinung, dass ihre Kreativität mehr als alles andere in der Kindheit unterdrückt wurde. Ob Schule, Gesellschaft oder Eltern die Auslöser waren – die Botschaft war eindeutig: „Sei produktiv!", „Geh auf Nummer sicher!", „Entscheide dich klug!", „Verdiene Geld!", „Mach es besser als ich!", „Mach etwas aus dir!" Es ist eher unwahrscheinlich, dass die Botschaft der Eltern lautete: „Folge deinem kreativen Instinkt!" Von der Stimme der Eltern befreit können Sie nun Ihrem kreativen Instinkt folgen. Welche Botschaft hält er für Sie bereit?

Connie, 48

„Jetzt wo mein Vater tot ist, muss ich nicht mehr Rechtsanwältin sein. Er wollte, dass ich Rechtsanwältin werde, ich nicht. Ich wollte Künstlerin werden. Ich fühlte mich immer am glücklichsten, wenn ich zeichnete. Ich hätte Kunst studieren sollen. Nun, es ist nie zu spät, ich fange im nächsten Jahr mit dem Studium an. Ich habe so

lange gewartet, meine Kinder sind erwachsen, jetzt ist es
Zeit für mich."

Verantwortung

Sie befinden sich in einer Periode Ihres Lebens, in der die
persönliche Verantwortlichkeit am größten ist. Sie sind nun
erwachsener als je zuvor, weil Ihre Kindheit mit dem Tod der
Eltern endete. Sie können das entweder akzeptieren, dagegen
kämpfen und/oder das Beste daraus machen. Sie haben jetzt
die große Chance, die volle Verantwortung für Ihr Leben zu
übernehmen, und das bedeutet:

- eigene Entscheidungen zu fällen,
- persönliche und Familienangelegenheiten zu regeln, die
  vorher von den Eltern entschieden wurden,
- verantwortlich sein für kranke Geschwister oder andere
  Familienmitglieder,
- Kenntnisse im Verwalten von Geld oder Immobilien zu
  erwerben,
- zu erkennen, wann die Verantwortung an jemand anders
  übergeben werden muss, weil man selbst sich damit nicht
  auskennt,
- persönliche Verantwortung zu übernehmen und für sich
  selbst in jeder Hinsicht verantwortlich zu sein.

Jeder von Ihnen hat sicher eigene Vorstellungen darüber, was
persönliche Verantwortung beinhaltet. Im Grunde bedeutet
es, dass Sie alle Ihre eigenen Gefühle, Probleme, Konflikte und
Bedürfnisse regeln, was für einige ein Lernprozess sein dürfte.
Dieser Prozess wird Zeit in Anspruch nehmen und seine
eigenen Höhen und Tiefen haben.

Die Dauer des Prozesses wird für jeden einzelnen unterschiedlich sein. Was im ersten Jahr nach dem Tod der Eltern funktioniert, funktioniert vielleicht im vierten Jahr nicht mehr. Oder es taucht im fünften Jahr ein Problem auf, das es im zweiten Jahr noch nicht gab. Beispielsweise übernahm ein 54 Jahre alter Mann nach dem Tod des Vaters dessen Firma. Die ersten drei Jahre verliefen zufrieden stellend, doch im fünften Jahr schaltete er Anzeigen, um einen Käufer für die Firma zu finden, weil er sich entschlossen hatte, auf seinem Lebensweg eine andere Richtung einzuschlagen.

Verantwortlich sein bedeutet, die Konsequenzen Ihrer Handlungen voll und ganz zu akzeptieren. Eigentlich ist es das, was am Status eines völlig Erwachsenen am schönsten ist. Es gibt niemanden, der „Nein" sagen kann. Niemand stellt Sie in Frage. Sie können für andere sorgen. Sie können Entscheidungen für Personen treffen, die das nicht können. Sie sind jetzt in der Führungsrolle.

Etwas zurückgeben

In diesem Stadium Ihres Lebens geht es darum, einen Beitrag zu leisten für jemanden oder etwas. Ich rede nicht von Geldspenden. Ich rede davon, dass Sie sich selbst geben, dass Sie der Welt etwas geben, auf welche Art auch immer. Wenn Sie das Gefühl haben, sie seien dazu geboren, etwas Besonderes zu tun, dann ist jetzt der Zeitpunkt dafür gekommen. Wenn Ihr Leben einen bestimmten Sinn haben soll, dann erfüllen Sie ihn jetzt.

Je nachdem, wie alt Sie sind, wenn Sie Waise werden, und welche Ansprüche Ihre eigene Familie stellt, haben Sie vielleicht Zeit, sich etwas anderem als sich selbst zu widmen. Wenn Ihre Kinder noch klein sind, ist Ihnen das vielleicht unmöglich. Doch wenn die Kinder bereits erwachsen sind, ist jetzt

vielleicht die Zeit, dieses Gefühl, das wir alle in uns haben –
den Wunsch, der Gemeinschaft etwas zurückzugeben – auszuleben.

Wie wir gesehen haben, bestätigt die Forschung meinen
Befund, dass nach dem Tod der Eltern ein Prozess in Gang
gesetzt wird, der uns neu bewerten lässt, was für unser Leben
wichtig ist. Je mehr das Leben Ihnen bedeutet, um so größer ist
der Wunsch, etwas zurückzugeben. Je mehr Sie das Leben
schätzen, desto größer ist der Wunsch zu geben. Viele Menschen, die ihre Eltern verloren haben, werden in wohltätigen
Organisationen tätig, in sozialen oder religiösen Verbänden,
Schulen und so weiter. Manchmal engagieren sich Waisen in
Gemeinschaften, in denen schon ihre Eltern tätig waren.

John war 49 Jahre alt, Geschäftsführer einer Firma und hatte
eine Ausbildung an einer der Elite-Colleges an der Ostküste
der USA genossen. Nach dem Tod seines Vaters ging er an die
Uni, an der sein Vater Professor gewesen war, um dort ehren-
amtlich zu arbeiten. Er empfand es als seine Pflicht, für seinen
Vater wie auch für sich selbst, die Verbindung zu diesem Ort
aufrechtzuerhalten. „Ich erfülle einen doppelten Zweck", sagte
er. „Ich gebe etwas zurück und ich bleibe meinem Vater
verbunden, indem ich in seiner alten Umgebung arbeite."

Auch hier ist davon die Rede, Verbindungen zu den verstorbenen Eltern aufrechtzuerhalten. Und es ist tatsächlich so:
Egal wie frei Sie sich nach dem Tod der Eltern fühlen und egal
welche Chancen sich für Ihre individuelle Entwicklung eröff-
nen, es ist unwahrscheinlich, dass Sie Ihre Eltern vergessen
werden, wenn sie gestorben sind. Im Gegenteil, es ist wichtig,
ihre Erinnerung und Liebe zu erhalten. Wenn Ihre Beziehung
zu den Eltern schlecht war, verweise ich auf Kapitel 2, wo es um
die Wichtigkeit von Vergeben, Vergessen und Heilung geht.

Vergessen Sie nicht:
- Sie sind nicht allein.
- Nach dem Verlust kommt der Gewinn.
- Ihr wahres Ich wartet darauf, entdeckt zu werden.
- Ihr wahres Ich war schon immer da.
- Ihr wahres Ich steckt voller Leidenschaft und Kreativität.
- Gebrauchen Sie die Kraft von Leidenschaft und Kreativität zu Ihrem eigenen Vorteil.
- Heilen Sie soweit möglich zerbrochene Elternbeziehungen.
- Kosten Sie das Leben vollständig aus, wenn Sie sich entscheiden, frei zu sein.
- Teilen Sie Ihre Gaben mit der Welt.
- Bringen Sie anderen bei, sich selbst treu zu sein.
- Lernen Sie, sich selbst zu lieben.
- Leben Sie den Rest Ihres Lebens, indem Sie Ihrem wahren Ich Ausdruck verleihen.

Im Stadium der Waise geht es vor allem darum, die eigene Individualität zu finden. Es geht darum, wer Sie ohne die Vorstellungen Ihrer Eltern sind. Wenn Sie das herausgefunden haben, kann es auch darum gehen, wer Sie ohne die Vorstellungen von anderen Menschen in Ihrem Leben sind. Ihr Leben kann zum ersten Mal wirklich Sie selbst in den Mittelpunkt stellen. Wie Sie sich verändern werden, ist offen. Es gibt keine Grenzen. Die Veränderungen können ganz plötzlich stattfinden und direkt Ihren Bedürfnissen entspringen. Das, was Sie unterdrückt haben, ist das, was Sie neu entdecken und kontaktieren müssen.

Weil es um Individualität geht, sind Sie einzigartig in Ihrer Situation und darin, wie Sie Ihr Leben neu bewerten. Ihre Geschwister, die ebenso wie Sie Waisen geworden sind, werden nicht den gleichen Weg gehen; eine Freundin, die zufällig zur gleichen Zeit wie Sie Mutter oder Vater verliert, wird wieder einen anderen Weg gehen. Das ist das Wundervolle daran, wie

wir dieses Entwicklungsstadium des Verlustes und der Neuentdeckung erleben: Es steckt einerseits voller Chancen und
Kreativität, doch gleichzeitig bietet es uns in seinen Wahlmöglichkeiten die größtmögliche Individualität. Sie müssen keinem anderen Weg folgen als dem, der sich vor Ihnen ausbrei-
tet, den Ihr Herz Ihnen zeigt.

Dies ist das letzte Geschenk Ihrer Eltern: Sie schenken
Ihnen diesen Verlust, damit Sie in der Lage sind zu akzeptieren
und zu vergeben, zu entdecken und ganz zu werden, zurückzuerobern und neu zu erschaffen. Mit ihrem Tod erlauben sie
Ihnen, sich selbst in Ihrer ganzen Einzigartigkeit neu zu
entdecken. Das ist keine Kleinigkeit; erweisen Sie sich dieses
Geschenkes jetzt würdig, indem Sie Ihren Weg weitergehen in
Richtung Kreativität, Erfahrung und Zurückeroberung Ihres
wahren Ichs, das nur auf ein Wort von Ihnen wartet, um befreit
zu werden.

Es braucht Mut, zu wachsen und die Person zu werden,
die du wirklich bist.

E.E. CUMMINGS

Quellenverzeichnis

1 Colin Murray Parkes: *Studies of Grief in Adult Life*. London: Travistock Publishing, 1972, S. 121.
2 Ebd.
3 Elisabeth Kubler-Ross: *On Death and Dying*. New York: Macmillan, 1969, S. 9.
4 Ros Weston: *Loss and Bereavement: Managing Change*. Malden, MA: Blackwell Science, 1998, S. 6.
5 Jane Littlewood: *Aspects of Grief and Bereavement in Adult Life*. Lonon: Tavisstock, 1992, S. 16.
6 Maxine Harris: *The Loss That Is Forever*. New York: Penguin Books USA, 1996, S. 14.
7 Ebd., S. 14.
8 Ros Weston: *Loss and Bereavement*. S. 7.
9 Jane Campbell, Paul Sank und Ken Vincent: "The Role of Hardiness in the Resolution of Grief." In: *Omega*, 23(1), 1991, S. 61.
10 Robert A. Neimeyer: *Lessons of Loss: A Guide to Coping*. New York: McGraw Hill, 1998. S. 91.
11 Carl G. Jung: *Modern Man in Search of a Soul*. Florida: Harcourt, 1933, S. 104.
12 Colin Murray Parks: "The First Year of Bereavement: A Longitudinal Study of the Reactions of London Widows to the Dearth of Their Husbands". In: *Psychiatry*, 33, 1971, S. 444.
13 Catherine M. Sanders: „A Comparison of Adult Bereavement in the Death of a Spouse, Child and Parent". In: *Omega*, 10, 1980, S. 303.
14 Miriam und Sidney Moss: „The Impact of Parental Death on Middle-Aged Children". In: *Omega*, 14(1), 1984, S. 65.

[15] Robert S. Weiss: „Loss and Recovery". In: *Journal of Social Issues*, 44(3), 1988, S. 37. Und: *Attachment in Adults: The Place of Attachment in Human Behavior*. New York: Basic Books, 1982, S. 173.
John Bowlby: *Attachment and Loss: Vol. 1, Attachment*. New York: Basic Books, 1969, S. 79. Deutsche Ausgabe: Bindung. Bd. 1. München: Reinhardt, 2006.
Colin Murray Parks: *Bereavement*. New York: International University Press, 1972, S. 52.

[16] Miriam and Sidney Moss: "The Impact of Parental Death on Middle-Aged Children", a.a.O., S. 66.

[17] Ann R. Bower: „The Adult Child's Acceptance of Parental Death on Middle-Aged Children". In: *Omega*, 35(1), 1997, S. 69.

[18] Andrew E. Scharlach und Karen I. Fredriksen: „Reactions to the Death of a Parent During Midlife". In: *Omega*, 27(4), 1993, S. 307.

[19] Miriam und Sidney Moss: *The Death of a Parent in Midlife: Coping Strategies*. Newbury Park, CA: Sage Publishing, 1989, S. 121.

[20] Marvin Eisenstadt u.a.: *Parental Loss and Achievement*. Madison, CT: International University Press, Inc., 1989, S. 35.

[21] Ebd., S. 174.

[22] Robert S. Weiss, a.a.O., S. 38.

[23] John R. Jordan und Eugenia S. Ware: „Feeling Like a Motherless Child: A Support Group Model for Adults Grieving the Death of a Parent". In: *Omega*, 35(4), 1997, S. 361.

[24] Ebd., S. 362.

[25] André Malraux: *So lebt der Mensch*, München: dtv, 1991.

[26] Miriam und Sidney Moss: „The Impact of Parental Death on Middle-Aged Children", a.a.O., S. 66.

[27] Collin Murray Parks: *Recovery from Bereavement*. New York: Basic Books, 1983.

[28] George H. Pollock: „The Mourning Process and Creative Organizational Change". Rede vor der American Psychoanalytic Association, Dezember 1975, New York, S. 18.

[29] Andrew E. Scharlach und Karen I. Fredriksen: „Reactions to the Death of a Parent During Midlife." In: *Omega*, 27(4), 1993, S. 307.

[30] Miriam und Sidney Moss: "The Impact of Parental Death on Middle-Aged Children", a.a.O., S. 68.

[31] Thomas Moore: "Care of the Soul". New York: Harper Collins, 1992, S. 35.

[32] Sidney und Miriam Moss, R. L. Rubinstein: „Middle-Aged Son's Reactions to Father's Death", *Omega*, 34(4). S. 259.

[33] Ebd., S. 269.

[34] Robert S. Weiss, a.a.O., S. 46.

[35] Ebd., S. 47.

[36] Debra Umberson: "Marriage as Support or Strain: Marital Quality Follwing the Death of a Parent", *Journal off Marriage and the Family*, 57, August 1995, S. 709.

[37] Ebd., S. 709.

[38] Ebd., S. 710.

[39] Ebd., S. 710.

[40] Ebd., S. 711.

[41] Barbara Bartocci: *Nobody's Child Anymore*. South Bend, in: Sorin Books, 2000, S. 98.

[42] S. L. Carter: „Themes of Grief Work". In: *Nursing Research*, 38, 1989, S. 354.

[43] P. C. Rosenblatt: *Bitter, Bitter Tears: Nineteenth Century Diarists and Twentieth Century Grief Theorists*. Minneapolis: University of Minnesota Press, 1983, S. 70.

[44] S. L. Carter, a. a. O., S. 356.

[45] Miriam und Sidney Moss: „The Impact of Parental Death on Middle-Aged Children", a. a. O., S. 67.

Stichwortverzeichnis

Über die Autorin

Shari Butler ist Psychotherapeutin und verfügt über mehr als 20 Jahre klinische Erfahrung. In den vergangenen Jahren hat sie überwiegend mit Menschen gearbeitet, die ihre Eltern verloren haben. Nach dem Tod Ihrer Mutter zog Sie nach Connecticut, dort lebt Sie heute mit ihrer Familie.

Auf ihrer Website können Sie der Autorin Ihre ganz persönlichen Fragen stellen: www.BecomingMyself.com (in englischer Sprache).